教科の本質を見据えた

コンピテンシー・ベイス

の授業づくりガイドブック

―資質・能力を育成する15の実践プラン―

上智大学教授
奈須 正裕 編著
Masahiro Nasu

明治図書

JN173816

まえがき

　2017年３月31日に告示された新学習指導要領を巡っては，道徳の教科化，外国語科の新設と外国語活動の中学年からの実施，プログラミング教育の必修化などが話題となった。しかし，その一方で在来の各教科等については，時数はもとより指導すべき内容についても基本的に従来を踏襲している。これは，改訂の度に内容の増減を繰り返してきた戦後の学習指導要領改訂でははじめてであり，その意味で今回の改訂は変化が小さいとも言える。

　内容レベルで変更や増減を要しなかった理由の一つに，このところ我が国の子供たちの学力を巡る状況が比較的堅調なことがある。国内的には文部科学省の全国学力・学習状況調査，国際的には OECD の PISA 調査や IEA（国際教育到達度評価学会）の TIMSS（国際数学・理科教育動向調査）などの結果は，いずれも概ね良好である。このことは，いわゆる「学力低下」への懸念を受け，日本の学校と教師，さらには家庭や地域社会をも含めて，この間，真摯な努力を懸命に続けてきた賜物と言えよう。

　新学習指導要領では，このような内容レベルでの堅調さを足場に，さらに学力の質的側面において抜本的な拡充と向上を目指している。それは，従来型の内容（コンテンツ：content）中心の学力論から，もはやグローバル・スタンダードとなっている資質・能力（コンピテンシー：competency）を基盤とした学力論へという動きである。

　学校で膨大な知識・技能を教えてきたのは，それを貯め込んで持っておくためではなく，人生で直面する様々な問題場面に効果的に活用し，優れた問題解決を現に成し遂げることにより，一人ひとりがよりよい人生を切り開いていくためであろう。ならば，単に知識・技能を所有しているだけでは十分とは言えない。さらに，知識・技能を効果的に活用するための思考力・判断力・表現力等が必要であろうし，困難な状況に粘り強く立ち向かい続ける意欲や感情の自己調整能力も欠くことができない。また，現実の問題場面の多くは対人関係的な文脈の中で生起している。そこで洗練された問題解決を果たしていくには，コミュニケーション能力や対人関係の調整能力が大切になってこよう。

　このような，生涯にわたる洗練された問題解決の実行に必要十分なトータルとしての学力育成を最優先の課題として学校教育を抜本的にデザインし直していこうという世界的なトレンド，それがコンピテンシー・ベイスの教育である。

　新学習指導要領では，教える内容それ自体は基本的に従来と変わらない。しかし，その内容の指導を通して子供たちにどのような学力を育成するかについては，大きな変化があったのである。したがって各学校における今後の課題は，新しい学力論としてのコンピテンシー・ベイスの考え方を各教科等の授業づくりの中でどのように実現していくか，その具体的な方途の開発であろう。より実践的には，授業の景色や子供に立ち現れてくる姿がどう変わってくるのか，あるいはどう変わらないのかのイメージを確立・共有することも重要である。

ここで結論を先に言ってしまうならば，コンピテンシー・ベイスの授業づくりになったからといって，指導に用いる教材や教具，学習形態や1時間の授業の流れそれ自体を大きく変えることは必須の要件ではない。コンピテンシー・ベイスとは学力論の転換なり拡張であるから，まずは子供の学びや知識をどうとらえ直すのかが授業づくりの重要なポイントとなる。つまり，教材それ自体は従来のものも十分に使えるが，実現を目指す学びや知識の質の変化に伴い，その取り扱い方や位置付け方は大きく変わってくるのである。

　また，発問や板書，指名やノート指導といった授業づくりの基本的な手立ても，外形的に見れば大きな変化はないが，どのような問いを発するのか，黒板に何をどう書いていくのかといった中身については，当然のことながら抜本的な見直しと再構築が必要である。

　興味深いことに，コンピテンシー・ベイスの授業づくりの成否は，その教科等ならではの独自な特質，いわゆる「教科の本質」をいかにしっかりと見据えられたかにかかっている。その教科等における様々な学びに通底している，その教科ならではの見方・考え方や対象に対するアプローチ，問題解決の戦略といったものが「教科の本質」であるから，それを見据えた授業の実施こそが，結果的に子供たちに豊かなコンピテンシーを育むのである。

　以上のような考え方と問題意識に立って，本書は編まれた。

　第1章では，コンピテンシー・ベイスの授業づくりに関する理論的な整理と，それらが新学習指導要領との関わりの中でどのような位置付けにあるのか，さらに「主体的・対話的で深い学び」の実現を支える主要な実践原理について概観した。

　第2章の前半では，「教科の本質」をしっかりと見据え，コンピテンシー・ベイスの授業づくりに挑戦した各教科等の13の実践事例を収めた。「教科の本質」に即して豊かに展開される具体的な授業の景色や子供の姿，教師の意思決定や繰り出される授業技術の数々を通して，コンピテンシー・ベイスの授業づくりの実践的な勘どころをつかんでいただきたい。

　第2章の後半では，学校全体で取り組むシステムづくりの観点から，コンピテンシー・ベイスの授業づくりを支える二つのアプローチを紹介している。前述のように，コンピテンシーの育成は伝統的な授業づくりの手立てや手法を足場としても十分に可能ではあるが，さらに学習形態や教室のコミュニケーション，学校体制といった水準からの抜本的な改革も数々試みられてきており，大いに効果的でもある。新学習指導要領で言うカリキュラム・マネジメントの一環として，こういった構造的な改革へと歩みを進めることも，是非併せて検討していきたい。

　新学習指導要領が目指すコンピテンシー・ベイスの授業づくりと，そこにおける子供の学びの質的な向上に向けて，本書が少しでもお役に立てば，望外の幸せである。

2017年9月

奈須　正裕

CONTENTS

Chapter2
コンピテンシー・ベイスの授業プラン＆システムづくり

Chapter **1**

コンピテンシー・ベイスの授業づくり

1 コンピテンシー・ベイスの教育と 学習指導要領改訂

コンテンツ・ベイスの教育の原理と問題点

　我が国に限らず，長年にわたり学校教育は領域固有な知識や技能，学習指導要領でいう「内容」（コンテンツ：content）の習得を最優先の課題として，コンテンツ・ベイスで進められてきた。しかし，知識の習得自体は最終ゴールではない。子供がその知識を活用して洗練された問題解決を成し遂げ，よりよい人生を送ることができるところまでを視野に入れる必要がある。

　もちろん，コンテンツ・ベイスの教育も，子供を「歩く百科事典」にしようとしたわけではなく，質の高い問題解決者にまで育て上げることを視野に入れてはいた。コンテンツ・ベイスの教育は，この目標を，学問・科学・芸術などの文化遺産から知識・技能を選りすぐり教授することで達成できると考え，現に実行してきたのである。

　なぜなら，それらは人類が成し遂げてきた最も偉大にして洗練された革新的問題解決の成果であり，子供は習得したそれらの知識を適宜上手に活用することで，同様の優れた問題解決を成し遂げながら人生を生きていくであろうと期待したのである。さらには，たとえば数学は知識の習得に際し，厳密な形式論理的思考を要求する。したがって，その過程では論理性や思考力が培われ，それは図形や数量以外の，それこそ政治や経済のような社会的事象の構造的理解や批判的思考にも礎を提供するであろうと考えた。

　このことは，コンテンツ・ベイスの教育が，その背後に大いなる学習の転移（transfer）を暗黙の前提として想定していたことを意味する。しかし，心理学は1970年代までに転移はそうそう簡単には起きないし，その範囲も極めて限定的であることを証明してしまったから，この前提はもろくも崩れ去る[1]。

　たとえば，平成19年の全国学力・学習状況調査の小学校算数の問題において，同じ平行四辺形の面積に関する知識を適切に用いれば正答できる問題であるにもかかわらず，授業で教わった通りの尋ねられ方をするA問題の正答率が96%だったのに対し，図形が地図の中に埋め込まれたB問題では18%と，両者の間には大きな乖離が認められた。

　この事実は，知識は単に教わっただけでは自在には活用されないこと，つまり学習の転移が簡単には生じないことを鮮明に示している。したがって，特定の教科における思考や創造の経験が思考力や創造力をもたらし，それがほぼ自動的に他の領域にも自在に適用可能なものとなるのかについても，一定の留保が必要であろう。

非認知的能力の重要性と育成可能性

　一方，デイビッド・マクレランドは，領域固有知識の所有や基本的理解を問う伝統的な学力テスト，学校の成績や資格証明書の類いが，およそ職務上の業績や人生における成功を予測し得ないことを多数の事実を挙げて論証した[2]。マクレランドによると，より大きな影響力を示したのは意欲や感情の自己調整能力，肯定的な自己概念や自己信頼などの情意的な資質・能力であり，対人関係調整能力やコミュニケーション能力などの社会スキルであった。

　これら，いわゆる非認知的能力の重要性は，大好きなおやつを一時的に先送りできるかどうかという4歳時点での自制心の高さが，彼らの将来をかなり正確に予測できるというウォルター・ミシェルの研究などによって，今や広く知られるところとなった。おやつを待てた子は待てなかった子に比べ，青少年期に問題行動が少なく，理性的に振る舞い，大学進学適性試験（SAT）のスコアが2400点満点中，平均で210点も高かった[3]。また，成人後の肥満指数が低く，危険な薬物に手を出さず，対人関係に優れており，自尊心が高いとの報告もある。

　しかも，近年の研究によると，感情の自己調整能力や社会スキルは生得的に運命付けられた不変な人格特性ではなく，組織的・計画的な教育によって十分に育成・改善が可能であり，むしろ幼児教育段階から適切に育てられることが有効であり，望まれてもいる。

世界のトレンドとしてのコンピテンシー・ベイスの教育

　ならば，生涯にわたる洗練された問題解決の実行に必要十分なトータルとしての学力育成を最優先の課題として，学校教育を抜本的にデザインし直してはどうか。これが，「資質・能力」（コンピテンシー：competency）を基盤とした教育，コンピテンシー・ベイスの教育である。

　それは，教育に関する主要な問いを「何を知っているか」から「何ができるか」，より詳細には「どのような問題解決を現に成し遂げるか」へと転換する。そして，学校教育の守備範囲を知識・技能に留めることなく，それらをはじめて出会う問題場面で自在に活用できる思考力・判断力・表現力等の汎用的（generic）認知スキルにまで高め，さらに粘り強く問題解決に取り組む意志力や感情の自己調整能力，対人関係的困難を乗り越える社会スキルの育成にまで拡充すること，すなわち学力論の大幅な拡充と刷新を求める。知識・技能についても，個別的で要素的なものから概念的で統合されたものへと，その質を高めようとの動きが顕著である。

　具体的には，まず1997年から2003年にかけてOECDのDeSeCoプロジェクトがキー・コンピテンシーを提起し，PISAをはじめとする国際学力調査に導入した。一方，EUはキー・コンピテンシーを独自に定義し，域内における教育政策の共通的基本枠組みとした。また，北米では21世紀型スキルという名称の下，主に評価を巡って検討が行われ，その成果は後にPISAにも反映された。このような動向はイギリス，オーストラリア，ニュージーランドなどにも波及し，現在，多くの国でコンピテンシー・ベイスによる様々な教育改革が進行中である。

平成20年の学習指導要領改訂における二つの取り組み

　我が国に目を転じると，平成８年に提起された「生きる力」の中に，すでにコンピテンシー・ベイスの教育への胎動を認めることができるが，より実際的な動きとしては，平成20年の学習指導要領改訂における二つの取り組みを挙げることができる。

　第１は，総合的な学習の時間における「育てようとする資質や能力及び態度」の導入である。「小学校学習指導要領解説　総合的な学習の時間編」によると，「育てようとする資質や能力及び態度とは，各学校において定める目標を，実際の学習活動へと実践化するために，より具体的・分析的に示したもの」（59頁）であり，目標と共に「この時間の教育活動を通して『どんな子どもを育てたいか』を明示することになる」（59頁）。また，同じく各学校で定める「内容」が「どんな対象とかかわり，その対象とのかかわりを通して何を学ぶかを記述している」のに対し，「目標と育てようとする資質や能力及び態度は，特定の領域や対象によらない一般的，形式的な側面から望ましい児童の成長の姿を記述」（62頁）すると説明している。

　さらに，育てようとする資質や能力及び態度の設定に際しては，「学習方法に関すること」「自分自身に関すること」「他者や社会とのかかわりに関すること」の三つを踏まえることとされているが，これらはそれぞれ，OECDのキー・コンピテンシーにおける「社会・文化的，技術的ツールを相互作用的に活用する力」「自立的に行動する能力」「多様な社会グループにおける人間関係調整能力」との間に明確な対応関係を持っている。

　このように，育てようとする資質や能力及び態度は，領域特殊的・対象具体的な内容とは異なり，「特定の領域や対象によらない，一般的，形式的な」学力要素であり，その内実についてもOECDのキー・コンピテンシーが強く意識されていた。つまり，平成20年の時点で，すでに総合的な学習の時間だけはすっかりコンピテンシー・ベイスで構成されていたのである。

　第２の，そしてより徹底した取り組みは「言語活動の充実」である。

　当時の中央教育審議会は，「言語力育成協力者会議」の議論等を踏まえ，論理や思考などの知的活動，コミュニケーションや感性・情緒の基盤である言語活動を，思考力・判断力・表現力等を育成するための有効な手段と位置付け，その体系化・構造化を模索した。具体的には，思考力・判断力・表現力等を育むために重要な学習活動として，以下の六つを挙げる。

---

　①体験から感じ取ったことを表現する。

　②事実を正確に理解し伝達する。

　③概念・法則・意図などを解釈し，説明したり活用したりする。

　④情報を分析・評価し，論述する。

　⑤課題について，構想を立て実践し，評価・改善する。

　⑥互いの考えを伝え合い，自らの考えや集団の考えを発展させる。

そして，これらを教育課程を教科等横断的に貫くいわば「横串」として，各教科等の特質に応じた言語活動を体系的に位置付け展開することにより，学校教育全体で思考力・判断力・表現力等を着実に育成する構造の確立が目指された。したがって，言語活動の充実は個々の言語活動の重視に留まるものではなく，知識の体系であった学習指導要領を資質・能力の体系へと進化させ，その質の拡充を意図した，教育課程政策史上においても画期的な施策と言える。

　このように，コンテンツ・ベイスからコンピテンシー・ベイスへという学校教育の重心の移動は，すでに平成20年改訂において，部分的ではあるが着実に進められていた。

学力の三層構造から資質・能力の三つの柱へ

　このような動きをさらに本格化すべく，平成24年12月，文部科学省内に「育成すべき資質・能力を踏まえた教育目標・内容と評価の在り方に関する検討会」が設置され，「次期学習指導要領に向けての基礎的な資料を得る」べく検討に着手する。検討会は平成26年３月に「論点整理（主なポイント）」を公表し，「現在の学習指導要領に定められている各教科等の教育目標・内容を以下の三つの視点で分析した上で，学習指導要領の構造の中で適切に位置付け直したり，その意義を明確に示したりすることについて検討すべき」とした。三つの視点とは次の通りである。

ア）教科等を横断する汎用的なスキル（コンピテンシー）等に関わるもの
　①汎用的なスキル等としては，例えば，問題解決，論理的思考，コミュニケーション，
　　意欲など
　②メタ認知（自己調整や内省，批判的思考等を可能にするもの）
イ）教科等の本質に関わるもの（教科等ならではの見方・考え方など）
　例：「エネルギーとは何か。電気とは何か。どのような性質を持っているのか」のような教科等の本質に関わる問いに答えるためのものの見方・考え方，処理や表現の方法
　　など
ウ）教科等に固有の知識や個別スキルに関するもの
　例：「乾電池」についての知識，「検流計」の使い方

　これらは，単に検討すべき視点が三つ存在することを示す以上に，学力をこのような三層構造で考えるという，学力論に関する新たな視座を提供したものと言える。

　歴史的に見ても，ア）のコンピテンシーとウ）のコンテンツは「あれかこれか」という対立図式で議論されがちであった。また，両方の価値を共に認める場合にも，まずはコンテンツの指導を行い，それとは別途，コンピテンシー育成の時間を設けるといったカリキュラムが構想・実施されることも少なくなかった。これに対し上記の三層構造では，イ）の教科等の本質

をいわば仲立ちとすることで，二元論的解釈に陥りがちなコンピテンシーとコンテンツを有機的に統合し，調和的に実現する教育が明確にイメージされている。

　本書でもこの考え方に学び，各教科等の本質を見据え，そこをこそ拠点として質の高いコンテンツの指導を達成し，さらにそれを通して豊かなコンピテンシーの実現を目指していく。

　そして，平成26年11月20日，文部科学大臣より中央教育審議会に「初等中等教育における教育課程の基準等の在り方について」諮問がなされ，学習指導要領の改訂作業が開始される。諮問の「別添理由」には，「育成すべき資質・能力を踏まえた，新たな教科・科目等の在り方や，既存の教科・科目等の目標・内容の見直し」について審議を求める旨が明記されており，学習指導要領がいよいよコンピテンシー・ベイスの考え方で全面改訂されることを予感させた。

　諮問を受けた中央教育審議会は，約2年間にわたって広範且つ慎重な議論を展開し，平成28年12月21日に答申「幼稚園，小学校，中学校，高等学校及び特別支援学校の学習指導要領等の改善及び必要な方策等について」（以下，「答申」と略記する）を取りまとめる。そこでは，次期学習指導要領において育成すべき資質・能力が，以下の三つの柱に整理されていた。

　ⅰ）「何を理解しているか，何ができるか（生きて働く「知識・技能」の習得）」
　ⅱ）「理解していること・できることをどう使うか（未知の状況にも対応できる「思考力・判断力・表現力等」の育成）」
　ⅲ）「どのように社会・世界と関わり，よりよい人生を送るか（学びを人生や社会に生かそうとする「学びに向かう力・人間性等」の涵養）」

　三つの柱では，上記の三層構造とは異なり，教科等の本質といった表現は表立っては用いられていない。しかし，これは学力論をどのような視座から整理するかという，いわば角度の違いに起因するものであり，そこでイメージされている学力の質それ自体については，両者は同様の方向性を向いている。具体的には，三層構造では「教科等の本質に関わるもの」の後に括弧書きで「教科等ならではの見方・考え方など」と記されていたが，次期学習指導要領ではこれを「各教科等の特質に応じた『見方・考え方』」と表現し，主体的・対話的で深い学びの実現を通して資質・能力を育成する際の鍵概念として，引き続き重視している。

各教科等の目標の様式の刷新

　このような経緯を経て，平成29年3月31日に告示された新学習指導要領では，各教科等の目標の記述様式が大幅に刷新された。たとえば，算数科の目標は次の通りである。

　数学的な見方・考え方を働かせ，数学的活動を通して，数学的に考える資質・能力を次のとおり育成することを目指す。

---

(1)　数量や図形などについての基礎的・基本的な概念や性質などを理解するとともに，日常の事象を数理的に処理する技能を身に付けるようにする。

(2)　日常の事象を数理的に捉え見通しをもち筋道を立てて考察する力，基礎的・基本的な数量や図形の性質などを見いだし統合的・発展的に考察する力，数学的な表現を用いて事象を簡潔・明瞭・的確に表したり目的に応じて柔軟に表したりする力を養う。

(3)　数学的活動の楽しさや数学のよさに気付き，学習を振り返ってよりよく問題解決しようとする態度，算数で学んだことを生活や学習に活用しようとする態度を養う。

　具体的な表現は各教科等により微妙に異なるが，基本的な構造としては，まず第1の文において，各教科等の特質に応じた「『見方・考え方』を働かせ，〇〇な活動を通して，△△する（のに必要な）資質・能力を次のとおり育成することを目指す」と宣言される。そして，その後に(1)〜(3)として，資質・能力の三つの柱に基づき，知識・技能，思考力・判断力・表現力等，学びに向かう力・人間性等に関する具体的な記述が列挙されるといった具合である。

　さすがに内容については，各教科等の特質の違いもあり，記述様式の統一はなされなかったが，三つの柱の趣旨を適切に盛り込むようそれぞれに工夫が凝らされている。

　このように，資質・能力の三つの柱は，学習指導要領がよって立つ学力論の基本構造それ自体に，昭和33年以来の大きな変化をもたらした。それは，コンテンツ・ベイスからコンピテンシー・ベイスへという教育の原理の明らかな転換であり，学力論の圧倒的なまでの拡張と豊富化を鮮烈に象徴している。今後は，この理念をいかにして授業の具体として実現していくかが課題となるのであり，本書もまた，まさにその一点を目指して編纂された。

2 「学び」という営みの本質をとらえる

各教科等をしっかりと教える

　新学習指導要領では，学力論の抜本的な問い直しが行われる。では，学校は何をどうすればいいのか。私としては，何のことはない，まずは各教科等をしっかりと教えることから着手すべきだと考えている。もちろん，それは各教科等に配当された領域固有知識を単に量的にたくさん習得させるということではない。子供たちが明晰な自覚を持ってその教科等の特質に応じた「見方・考え方」を身に付け，さらにその教科等が主に扱う領域や対象を踏み越えて，様々な問題解決に適切且つ個性的・創造的に駆使できるようになることである。

　実は，資質・能力が身に付くとは，まさにそのようなことなのである。そして，改めて考えてみれば，それこそがいわゆる教科等の本質や系統を大切にすることであり，したがって本来の意味で各教科等をしっかりと教えるということではなかったか。

　つまり，資質・能力の育成とかコンピテンシー・ベイスの教育というのは，各教科等とは別の何かを新たに教える教育ではなく，内容中心で考えてきた結果，その本質を見失いかけている各教科等について，本来のあり方を問い直し，実践的に再構築する企てにほかならない。

系統指導とは何か

　では，各教科等の本質を見据えた真の系統指導により，その教科等の特質に応じた「見方・考え方」を身に付け，自在に活用できるようになるとは，具体的にどのようなことか。

　心理学者のチーらは，各8名の熟達者（物理の博士号取得者）と初心者（学部学生）に24題の物理の問題を与え，解き方に基づいて分類させた。すると，初心者は問題から読み取れる表面的特徴で分類したのに対し，熟達者は斜面問題とバネ問題をエネルギー保存と関連付けて同一カテゴリーとするなど，解法に用いる物理の法則や原理に依拠して分類していた[4]。

　さらに，分類理由の中から斜面，重心，摩擦，エネルギー保存など20の概念を取り上げ，考えつくことを3分間話してもらうことで，初心者と熟達者の知識の構造（スキーマ）を比較した。図1，2が示すように，斜面についての初心者と熟達者のスキーマは，それを構成する要素の数では大きな違いはないものの，構造化の仕方に決定的な違いが認められた。

　初心者はまず，斜面の角度，長さ，高さといった表面的特徴を連想し，最後にようやくニュートンの法則やエネルギー保存に言及する。一方，熟達者はいきなりニュートンの法則やエネ

ルギー保存など斜面問題に関わる物理法則を想起し，次に法則の適用条件について述べ，最後に斜面の表面的特徴のことを考え始めていた。

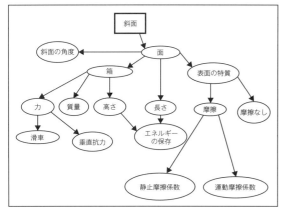

図1　初心者のスキーマ

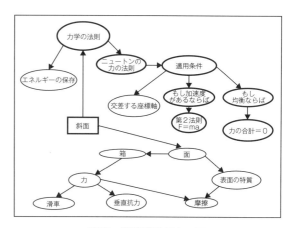

図2　熟達者のスキーマ

　熟達者は物理学の学問構造に近似した体系的なスキーマを所有しており，それが彼をして，世界を単なる物質の集まりではなく，物理法則に支配されているシステムと見るよう促していたのである。そして，日常生活で出会う事物や現象ですら，必要ならば，その表面的特徴に惑わされることなく，深層に潜む法則や原理の角度から眺め，処理できるようになっていた。

　このように，各教科等を学ぶとは，単に知識の量が増えるだけでなく，知識の構造化のありようが，その教科等が持つ独自の価値ある構造に近似していくよう組み変わり，洗練されていくことなのである。そしてその結果として，子供は世界をこれまでとはまったく違った風に眺め，関わったり取り扱ったりすることができるようになる。これが，その教科等の特質に応じた「見方・考え方」，つまり教科等の本質が子供のうちに実現された状態である。

　悩ましいのは，結果的に導かれたに過ぎない各教科等の知識構造に含まれる要素的な成分を，より単純で低次なものから複雑で高度なものへと順序よく教えていったからといって，熟達者のスキーマのような状態が必ずしも実現されないことであろう。従来，教科の系統指導と呼ばれてきたものの多くは，まさにこの過ちを犯してきた。系統指導とは形式的に整序された知識の注入ではなく，その教科等における本質的な概念の構造的形成を目指した営みであり，図1から2へのような変化を子供のうちに生じさせることである。

　そのような変化を無理なく着実に生み出すには，具体的にどうすればいいのか。このことを考えるために，一度コンピテンシー概念のルーツにまで立ち戻ってみることにしよう。

コンピテンスという思想

　コンピテンシーは，心理学者のロバート・ホワイトが，1959年に提起したコンピテンス

（competence）概念をそのルーツに持っている[5]。コンピテンシーとコンピテンスは，用語として基本的に同義と見なして特に問題はない。1970年代まではコンピテンスが用いられることが多かったが，現在ではコンピテンシーの方が一般的である。

　ホワイトは乳幼児の観察などから，人間は生まれながらにして環境内のひと・もの・ことに能動的に関わろうとする傾向性を有しており，この傾向性がもたらす環境との相互作用を通して，次第にそれぞれの対象に適合した関わりの能力を獲得していくと論じた。そして，これと心理学的に同型と見なしうる現象が，乳幼児期に限らず，精神的に健康な人間の一生涯にわたって多種多様に見られるとし，これをコンピテンスと名付けた。

　その背景には，ピアジェ以来の学習に関する発達心理学的な見方が存在していると解釈しうる。たとえば，飴玉を見つけた赤ちゃんは，それを口に入れる。飴玉だと知っているから口に入れるのでない。赤ちゃんは口に入れるのと手でつかむくらいしか，対象に対する関わり方，シェマ（schema）を持ち合わせていないのである。しかし，口に入れるというシェマは，こと飴玉に対しては食べ物であるという本質的理解をもたらす適切な関わり方であり，赤ちゃんは甘さを享受しながら飴玉の同化（assimilation）に成功する。

　別な日，赤ちゃんはビー玉を見つける。飴玉と同様に丸く光るものであるから迷わず口に入れるが，今度は同化できずに吐き出す。ビー玉を同化するには，ビー玉という対象からの要求に突き動かされる形で，つかんだ手のなめらかな動作によりそれを転がせるようになる必要がある。これをシェマの調節（accommodation）と言う。

　このように，シェマによる対象の同化と，対象の要求に根差したシェマの調節を繰り返すことで，赤ちゃんは徐々に身の回りの事物・現象に関する個別具体的な理解を深めていくと同時に，様々な環境に対してより効果的な関わり方を獲得・洗練・統合させていくが，これこそが学習の原初的形態である。

　ホワイトは，コンピテンスに二つの意味合いを込めた。その第1は，環境内の人・もの・ことに能動的に関わろうとする生得的な動機付け的エネルギー要因である。そして第2は，そこから生まれる人・もの・ことと効果的に関われるという関係的で認知的な能力である。

　興味深いのは，そこでは「知る」とは単に名前を知っているとか概念を理解していることではなく，対象の特質に応じた適切な「関わり」が現に「できる」こと，さらに個別具体的対象について「知る」（＝「関われる」）ことを通して，汎用性のある「関わり方」が感得され，洗練されていくことが含意されている点であろう。すなわち，「知る」ことを駆動するエネルギー要因から，「知る」営みのメカニズムや，それを通して結果的に獲得される汎用的な資質・能力までをも包摂した概念として，コンピテンスは提起された。まさに「どのような問題解決を現に成し遂げるか」を問う概念として，コンピテンスは誕生したのである。

主体的・対話的で深い学びの実現

　赤ちゃんが環境内の人・もの・ことに働きかけ，それらを同化（＝理解）するのに用いていたシェマはフランス語読みであり，その英語読みがスキーマである。つまり，図１，２に示された知識の構造化のありようもまた，それを用いて様々な事物・現象に働きかけ，理解や思考を生み出すという点において，赤ちゃんのシェマと心理学的には同型である。

　もちろん，赤ちゃんの学習は感覚・運動的で常に具体的なのに対し，高校や大学で物理を学ぶ際には主に言語を媒介とし，多分に抽象的ではあるが，基本的な学習のメカニズムそれ自体には多くの共通点を認めることができる。

　したがって，図１から図２への移行を無理なく着実に進めようとする，つまり高度な系統指導を意図するからこそ，学習者である子供が現在所有している既有知識や既有経験を足場に，子供主体で展開される対象との相互作用を通して，その子の知識構造が次第に教科等の系統に沿ったものへと修正・洗練・統合していくような授業づくりを心がける必要がある。

　いわゆる「アクティブ・ラーニングの視点」としての「主体的・対話的で深い学び」の実現も，まさにそのことを指し示している。答申によると，「『主体的・対話的で深い学び』の実現とは，特定の指導方法のことでも，学校教育における教員の意図性を否定することでもない。人間の生涯にわたって続く『学び』という営みの本質を捉えながら，教員が教えることにしっかりと関わり，子供たちに求められる資質・能力を育むために必要な学びの在り方を絶え間なく考え，授業の工夫・改善を重ねていくことである」（答申，49頁）。

　コンピテンス概念を通してホワイトが提起した最大のことは，ここでいう「『学び』という営みの本質」のとらえ直しであった。ホワイトが言うように，すべての子供は生まれながらにして自ら進んで環境に関わり，環境との相互作用を通して「学び」を実現する能力を有している。しかも，その「学び」は個別具体的対象について「知る」（＝「関われる」）ことと，汎用性のある「関わり方」が感得され，洗練されていくことが一体となったような質の「学び」である。

　子供たちは乳幼児期からそのような質の「学び」を旺盛に展開しており，就学時にはすでにインフォーマルな知識とか素朴概念と呼ばれる膨大な知識を所有している。少なくとも，およそ小学校で教える事柄であれば，子供はそれに関わる何らかの知識なり経験を持ち合わせていると考えていいだろう。たとえば，算数で図形の勉強をする以前に，遊びを通して子供は三角形の積み木を二つ合わせれば四角形になることや，円柱形の積み木の丸い方ではうまくいかないが，平らな方ならいくつも積み上げられることを知っている，といった具合である。

　ところが，従来の学校ではそういった事実を無視して「手はお膝，お口チャック」といった行動規範をしつけ，その極めて受動的な状況下で「この形をさんかく，こちらの形をしかくと言います」などと教えたりするから，子供たちはかえってうまく学べなかった。

つまり，私たちが通俗的に抱いている「学び」の概念は少なからず間違っている。その最悪のものは，子供の心は「白紙」であり，大人が価値ある経験を書き込んでやることによってはじめて意味のある学びが生じる，といったものであろう。無味乾燥な暗記や機械的なドリルにすぐ頼ろうとするのも，こういった「学び」概念と通底している。

　主体的・対話的で深い学びとは，ごく普通に子供がその誕生の時から進んで旺盛に展開してきた「学び」の延長線上でこそ実現可能であり，また実現すべきものである。すでに子供たちが展開している「学び」をそのまま就学後も連続させ，さらに各教科等の特質に応じた「見方・考え方」に繰り返し触れさせることで，知識の構造を徐々に各教科等の特質に応じたものへと修正・洗練・統合していけるよう支援するのが教師の仕事であり，学校の任務である。

　「学校教育における教員の意図性を否定することでもない」「教員が教えることにしっかりと関わり」といった表現が指し示す意味についても，このような「学び」概念に立脚して考える必要がある。つまり，「教員が教えることにしっかりと関わ」るためにこそ，まずもって目の前の子供の知識状態を正確且つ広範に把握することが大切になってくる。そして，子供たちが持っている，いい線はいっているが不正確であったり断片的であったりする知識を，各教科等の特質に応じた「見方・考え方」に沿って洗練させたり統合していけるよう促したり導いたりする際に発揮されるのが，教師の意図性であり指導性にほかならない。

　以上のような整理に基づき，次節ではコンピテンシー・ベイスの視点に立ち，主体的・対話的で深い学びを実現する授業づくりを支える三つの原理について見ていきたい。三つの原理とは，有意味学習，オーセンティックな学習，そして明示的な指導である。

3 主体的・対話的で深い学びを実現する授業づくりの三つの原理

有意味学習—子供はすでに膨大な知識を持っている

　たとえば，高学年算数でつまずきやすい割合についても，子供は膨大な知識を所有しており，それを足場に授業を構成することができる。

　試しに5年生に「降水確率って知ってる？」と尋ねれば，誰一人として知らない子はいない。さらに，「降水確率50％ってどういうこと？」と尋ねると，「雨が降るか降らないか，半々」と答えてくれる。そこで続けて，「降水確率が何％だったら傘を持ってくる？」と聞くと，「50％」「70％」という子もいれば，「ちょっとでも濡れるのがいやだから30％」という子もいた。面白いのは「僕は朝降ってなければ90％でも持ってこない」と言うので，理由を尋ねると「うちはすぐそこだから，帰りだけなら誰かに入れていってもらえるから」とちゃっかりしている。

　このように，子供たちは割合的な見方について豊富な知識を持っているのみならず，すでに実生活に活用すらしている。この既有知識を授業に生かさない手はないだろう。

　さらに，ある子が「先生，『割合真面目』とかも言うよね」と言い出した。算数の時間に「割合真面目」を出されると一瞬たじろぐが，ここは前進あるのみ。他にも似たような言葉はないかと水を向けると，「比較的真面目」「かなり真面目」「どちらかと言えば真面目」など，どんどん出てくる。ついには，「『割合真面目』は『かなり真面目』よりは『やや不真面目』」などと言い出したりするから，国語辞典を頼りに様々な程度を表す言葉や表現を勉強すればいい。

　無定見な学びに見えるかもしれないが，こんなやりとりの中で，子供たちは割合に関わる様々な知識や経験を出し合い，比較したり統合したりしている。そして，未だ不正確ではあるが，そこそこいい線をいっている概念を徐々に形成していくのである。

既有知識を洗練・統合する教師の意図性・指導性

　子供たちが持っている既有知識を生かして授業づくりを進めようと言ってきたが，それはただただ子供たちに好き勝手に話させることではない。子供たちが持っている，いい線はいっているが不正確であったり断片的であったりする知識を，洗練させたり統合したりしていけるよう，教師が意図性や指導性を効果的に発揮することが併せて必要である。

　たとえば，小学校3年生に「靴のサイズ」を尋ねると，20，21，そして20.5というのが出てくる。ここで「テン5って何？」と尋ねると，わからない子供もいるが，20センチ5ミリだと

答えられる子もいて，「ああ，そういうことなんだ」と他の子も納得する。

「僕はおとといから20.5」という子がいて，聞くと「靴を買いに行ったら，それまで履いていた20ではキツキツで。するとおじさんが『もう一つ大きいのを』と言って持ってきてくれたのが20.5で，それがちょうどよかったのね。おじさんは『試しに』と言って21も持ってきてくれたんだけど，21はブカブカで，だから僕はおとといから20.5の子になったんだよ」と言う。このキツキツ，ちょうどいい，ブカブカという誰しもが共感できる身体感覚が，20，20.5，21という数字の並びと対応しており，ここから子供たちは整数の間にさらに数なり量が存在し，それがどうも小数というものらしいということを理解する。

しかし，靴のサイズだけではこれ以上の発展は望めない。そこで，次に体重を尋ねる。すると，当然30.2とか29.7が出るから，「あれ，テン5じゃないのもあるの？」と聞くと，「テン1からテン9まである」と言う子がいて，実際に自分の体重はそのどれかであるから，この時点では正確な概念形成には至っていない子も，とりあえずなるほどと思い，さらにちゃんと理解したいと願うようになるだろう。さらにテン0の子もいるから，これは何だという，小数概念の本質的理解へと連なる問いも立ち上がってくる。

ここで，「靴のサイズの20.5は20センチ5ミリだったから，体重の29.7は29キロと7グラムのこと？」とボケてやると，ポカンとしている子もいるが，ゲラゲラ笑い出す子もいて，「29.7は29キロと700グラムのこと」と教えてくれる。どうしてそうなるのかと尋ねると，ここはさすがに難しいが，それでも「テン何とかは一つ下の数のことだと思うんだよね。だから，靴の場合はセンチの一つ下はミリだけど，体重の場合はキロの一つ下は100グラムになるから，29.7は29キロと700グラムになる」と答えてくれた。

この授業では，まず靴のサイズを足場に，整数の間にも数が存在することに気付かせた。次に，靴のサイズと体重を比較することで，小数が「テン5」だけでなく「テン1からテン9まである」ことを確認する。さらに，あえてボケることで，「テンいくつ」は整数の一つ下の数であることを見いだしていった。もちろん，これらは単なる手練手管ではなく，子供たちの知識状態と教科の学習内容とのギャップを丁寧に見積もり，それをどのように埋めていくかと思案する中で生み出された，明確な指導性の発揮にほかならない。

大切なのは，子供の既有知識を導入での意欲付けに使うのではなく，それで一時間，場合によっては単元全体を学び進めていくことである。すでにある程度知っていることとの関連が見えれば，子供は「あっ。そのことね」「知ってる，知ってる」となり，緊張や不安を抱くことなくリラックスして，だからこそ主体的に学びに向かっていくことができる。

また，「私はこう思うよ」「こんなこともあったんだ」「だったらさあ」と，各自のエピソードや考え，疑問や予想を出し合いながら，個性的，対話的に学びを深めていくだろう。

さらに，よく知っていると思い込んでいるからこそ，お互いの知識をすり合わせ，整理していく中で，「何か変だぞ」「わからなくなってきたけど，何とかはっきりさせたい」「もしかす

ると，こういうことかな」「やっぱりそうだった」と，自分たちの既有知識を足場に，より精緻で統合的な理解へと学びを深め，ついには正確な概念的理解へと到達するのである。

　このように，自身が所有する知識との適切な関連付けにより，子供は意味を感じながら主体的・対話的に，そして着実に深い概念的理解へとたどり着くことができる。心理学者のデビッド・オースベルは，このような学習を有意味学習と呼び，既有知識と一切関連付けることなく丸覚えしようとする学習を機械的学習と呼んで，両者を明確に区別した[6]。

　自分との関係において意味の発生しない機械的学習は，いかにも浅い学びであり，非主体的な学びであろう。また，そんな学びでは仲間と本気で対話する必然性も生じはしない。

　つまり，「主体的・対話的で深い学び」の第一歩は，授業を有意味学習にすることであり，その鍵を握るのは子供が所有する既有知識との関連付けの有無なり深さの程度なのである。

オーセンティックな学習─学びの文脈を本物にする

　学習の転移が意外なほど生じにくいこと，そしてそれが従来型のコンテンツ・ベイスの教育が奏功しない主要な原因の一つであることは，すでに述べた通りである。

　転移が生じにくい原因の探究は，次第に学習とは何かを問い直す研究へと連なっていく。こうして1980年代に生まれたのが，状況的学習（Situated Learning）という考え方である。そこでは，そもそも学習とは具体的な文脈や状況の中で生じるものであり，学ぶとはその知識が現に生きて働いている本物の社会的実践に当事者として参画することであると考える。

　従来の授業では，その知識がどんな場面でも自在に使えるようにとの配慮から，むしろ一切の文脈や状況を捨象して純化し，一般的命題として教えてきた。しかし，何らの文脈も状況も伴わない知識は，いわば取り付く島ののっぺらぼうな知識であり，子供には無機質で形式的な手続きの習得と映ってしまう。状況的学習の立場では，これがすべての敗因であったと考える。実際，そのようにして学び取った知識は，ペーパーテストのような特殊的な状況をほぼ唯一の例外とすれば，現実の意味ある問題解決にはおよそ生きて働かない。

　ならば逆に，具体的な文脈や状況を豊かに含みこんだ本物の社会的実践への参画として学びをデザインすれば，学ばれた知識も本物となり，現実の問題解決に生きて働くのではないか。これが，オーセンティックな（authentic：真正の，本物の）学習の基本的な考え方である。

　たとえば，実際にスーパーで売っている様々なトマトのパックを買ってきて，「どれが一番お買い得か」を問う。算数の指導内容としては「単位量当たりの大きさ」であるが，現実のトマトのパックは個数だけでなく，大きさや品質等も微妙に異なり，そのままでは比べられない。生身の状況は，そう安々と算数の都合に沿ってはくれないのである。

　しかし，このような状況がかえって何とか計算できないかとの切実感を子供たちに生み出し，「グラム当たりなら比べられるんじゃないか」との着眼をもたらす。その背後にはグラム当たり表示を近所のスーパーで見た経験や，それを取り上げた社会科学習が生きて働いている。

あるいは，1個当たりやグラム当たりでは割高に思えたブランドトマトについても，栄養素に注目して「リコピン1.5倍なんだから，リコピン当たり量で比べれば，ブランドトマトの方がお買い得かも」などと言い出す子供が現れる。ついには，算数的には1個当たりで決着が着くはずの同じ種類のトマトについても，「うちは2人家族だから，4個パックだと余っちゃう。だから，うちとしては2個パックの方がむしろお買い得」といった見方ができるようになる。

　子供は自身の生活実感や関心事に引きつけて主体的に学ぶと共に，立場や経験を異にする仲間との対話的な学びを通して立体的に学びを深めていく。算数では数理手続きも学ぶが，それ以上に重要なのが多様な状況下での数理の意味であり，さらにはよさや適用条件，限界にまで学びを深めてはじめて，知識・技能は現実の問題解決に適切且つ創造的に生きて働く。

「科学する」学び

　このような事例を挙げると，オーセンティックな学習とは「学びの生活化」だと早合点する人があるが，そうではない。オーセンティックな学習とは，子供が本物の社会的実践に当事者として参画する多様な学びの総称である。

　たとえば，理科の実験では操作の不正確さや測定誤差，実験材料のばらつき等により，多少なりともデータが荒れてしまう。とりわけ，子供は操作に慣れていないし，いい加減に取り組む場合などもあって，法則性が確定できないほどに不安定なデータになることもある。

　しかし，だからといって「みなさんの実験でははっきりしませんでしたが，本当はこのグラフはまっすぐになるんですよ」などとしてはいけない。それはデータの無視や捏造であり，最も反科学的な態度だからである。教師が率先してそんなことをすると，子供たちはいよいよ実験に身が入らず，いつまでたっても正確な操作や測定が身に付かない。それでは，実験という理科に固有な知識生成の方法論や科学的な「見方・考え方」は育たないのである。

　にもかかわらず，なぜそんな愚かな行為に出るかというと，今日の指導事項を何とか消化したいと願うからであろう。つまり，これもまたコンテンツ・ベイスの学力論から生じる過ちなのである。したがって，コンピテンシー・ベイスの考え方に立てば，こういった迷いもまた，きれいサッパリ消え去る。というわけで，ここは徹底して科学的な態度で臨みたい。

　たとえば，「みなさんの実験から得られたデータをグラフにしてみたわけですが，このグラフからは何のきまりも関係も見いだすことができそうにありません。ですから，この二つの間には何の関係もないというのを，クラスの結論としていいですか」と言ってみる。

　すると，子供たちはあわてて，「先生，教科書には関係があると書いてあります」と言うかもしれない。

　「教科書にどう書いてあろうが，実験の結果は関係のないことを示しています。みなさんが一所懸命に，しっかりと正確にデータを取った結果ですからね。ほかはどうか知りませんが，二組としては関係がないということにするしかないでしょう。」

「いや，先生，もしかすると，僕たちは実験でミスをしたかもしれないし。」

「そうですか。実験でミスをしたということであれば，話が違ってきます。」

「先生，私たちの班はちょっとふざけていたので，それも結果に影響したと思います。」

「それでは，このデータは信用できませんね。どうすればいいと思いますか。」

「できれば，もう一度真面目に，しっかりと実験をして，正確なデータを取りたいです。」

「そうですか。どこでミスをしたのか，見当はつきますか。そして，今度はふざけないで実験ができますか。できそうであれば，来週，もう一回挑戦してもいいです。」

翌週の実験では，子供たちは人が変わったかように大真面目に，そして万事慎重にことを運ぶに違いない。すると，データは見違えるようにきれいに整ってくるし，今度は法則性も無理なく見いだせる。と同時に，それでもなお，データに少々の荒れは残るのである。

子供たちは不思議がったり残念がったりするが，この厳然たる事実が，実験という近代科学が確立してきた知識生成の方法の真実なのである。このことを受け入れ，なぜそうなるのかを理解し，だからこそ「誤差の処理」に関する精緻な方法論が存在することを知り，なるほどと納得すると共に，さらに深めていきたいと願うようになっていくであろう。

このように，その教科等の特質に応じた「見方・考え方」を子供たちが感得する簡潔にして最善の方法は，指導する教師がその身体や言語を駆使し，「見方・考え方」という抽象を，子供にもわかる多様な具体的現れとして教室で体現し続けることである。古くから言われてきた通り，子供にとって最大にして最善の教材は教師である。この原則は，コンピテンシー・ベイスの教育でも何ら変わらないどころか，いよいよ重要になってくるであろう。

そして，このような「科学する」，あるいは「文学する」「芸術する」といった授業もまた，本物の社会的実践に子供が当事者として参画する学びであり，オーセンティックな学習である。学習内容が高度になると不安がる向きもあるが，本物である限りにおいて，子供たちは粘り強く学び続ける。理由ははっきりしていて，その先に学んでよかったと思えるものと出会えるからである。学びに向かう力もまた，本物の学びの中でこそ着実に育つ。

明示的な指導—学びを関連付け概念化する

本物の文脈や状況の中で展開されるオーセンティックな学習により，学び取られた知識も本物となり，現実の問題解決に生きて働く質のものとなることを見てきた。しかし，まだこれだけでは，「見方・考え方」を自在に駆使できる汎用的な概念的理解の水準までには届かない。

たとえば，理科では実験や観察を重視してきた。それらは多分に本物の文脈での学びなのだが，子供の「科学する」態度や能力は必ずしも十分とは言えないようにも思う。原因は様々考えられようが，一つには，子供は科学的探究に関する相応の本物経験はしているのだが，経験を自覚化し，さらに概念化して自家薬籠中のものとし，ついには自らの意思で自在に操れるまでには，教師に段階的な導きを施されてはいないのではないか。

実験や観察を繰り返し経験するうちに，それらの奥に横たわる「条件制御」や「系統的な観察」「誤差の処理」など，科学的方法に関わる抽象的・一般的・普遍的な概念を帰納的に感得する子供も，一定程度はいるだろう。しかし，多くの子供は「振り子」や「電気」などの具体的・特殊的・個別的な事象との関わりでのみ，その実験なり観察の工夫を理解するに留まる。もちろん，そこから科学的方法についての茫漠としたイメージくらいは形成するだろうが，それでは新たな対象や場面について科学的な方法を自力で発動するまでには至らない。

　さらに，その経験群が意味する一段抽象化された概念について，教師が適切な手立てにより明示的に指導することが望まれる。具体的には，時に複数の実験や観察の経験を関連付け，比較し統合すること，そして科学的探究を構成するいくつかの鍵概念について，それを自在に操れるよう言語ラベルを付与すること，さらに，それらの鍵概念を用いて新たな実験や観察について実際に思考を巡らせてみること，そんな段階的で明示的な指導はすでに一部の理科教室では実践されてきたが，さらに広く実践されていいだろう。

　たとえば，振り子の実験で「どんな工夫が必要かな」と問えば，様々に試してみる中で，子供たちは「何度も測定して平均値を取ればよさそうだ」と気付く。この段階で教師は「誤差の処理」を理解したと思いがちだが，いまだ「振り子」という具体的な対象や状況との関わりでの気付きに留まっており，汎用的な概念的理解にまでは到達してはいない。

　そこで，授業の最後に「どうして今日の実験では測定を繰り返したの」と改めて尋ねると，子供は「理科の実験では正確なデータを得るためにいつもそうしているから」などと答える。ここで，「そうかなあ。この前の電流計の時には何度も計ったりはしていなかったよ」と切り返してやれば，子供は「だって，電流計はピタリと針が止まるから。ああ，そうか，同じ実験でもいろいろな場合があるんだ」とようやく気付くのである。

　複数の経験を整理し，丁寧に比較・統合することで，個々の実験に独自な部分と共通する部分が見えてくる。すると，振り子も含め物理領域ではばらつきの多くは測定誤差であり，生物領域では個体差が優勢だということにも気付くであろう。これは中学校でいう第一分野と第二分野における方法論的な特質の一つだが，このような概念的理解は，それぞれの領域で実験や観察に取り組む際の大きな助けとなるに違いない。

汎用的な思考の道具を整理して手渡す

　5年生社会科「暖かい地方の暮らし」の授業でのことである。「石垣島では，なぜサトウキビづくりが盛んなのか」という学習問題に対し，子供たちが「先生，雨温図を下さい」と言うまでに何と15分もかかった。そんなことをしているから，教科書が終わらないのである。私としては，学習問題が確認されてから1分以内に「先生，とりあえず雨温図を下さい」と言える子供にしたいと思う。そして，それはそんなに難しいことではない。

　なぜなら，3年生で「磐田市では，なぜメロンづくりが盛んなのか」を，4年生では「静岡

県では，なぜミカンづくりやお茶づくりが盛んなのか」を学習しているわけで，少なくともこの形の学習問題に挑むのは３回目である。それどころか，このような学習問題も含め，社会科の地理に関する学習では立地条件について繰り返し繰り返し学んでいく。ところが，その立地条件に関する知識が，およそ俯瞰的，自覚的に整理・統合されていない。だからこそ，子供たちはメロンとミカンとサトウキビを別個のものとして，新たに一から考えようとする。

　少なくとも国土と産業について系統的に学ぶ５年生段階では，立地条件には自然条件と社会条件の二つがあること，そしてそれぞれはたとえば以下のように整理できることを，しっかりと時間を取って明示的に指導してはどうかと思う。

自然条件：気温，降水量，土壌，地形，資源…
社会条件：市場，労働力，技術，歴史，交通…

　もちろん，指導に際しては，３年生で学んだ磐田市のメロンや４年生で調査した静岡県のミカンやお茶での学習経験を丁寧に振り返りながら，さらに必要に応じて別の事例なども紹介しつつ，そこに見えてきた共通性や独自性を足場にわかりやすく説明していきたい。

　ここで，「小学生に資源や労働力，市場なんて難しい言葉を教えるんですか」と疑問に思うかもしれないが，鍵となる概念を表す言葉はできるだけ変えないのが得策である。多少，表現としては難しくても，要は慣れであり，実際にそれぞれと対応する事例が授業の中で具体的に出てくるから，子供たちはそれが何を意味するかは十分把握できる。そして，最初から正式な表現にしておけば，高校や大学，さらに大人になってもそのままで大丈夫なので，無用な混乱が生じる危険性もなく，長期的に見ればかえって効率的ですらある。

　このように立地条件に関わる概念を俯瞰的，明示的に指導し，続く産業学習でさっそく活用させるのだが，農業学習は特産物と構造が似ているので無理なく進む。面白いのは次の工業学習で，子供たちは自動車や機械の工場の立地条件について調べる中で，ある発見をする。

　「先生，これまでの勉強では自然条件の影響が強いことが多かったんだけど，どうも工業では社会条件が関わっていることも結構あるみたい。」

　それこそが工業であり，特産物も含めた農業生産との大きな違いである。従来の産業学習では，農業，工業，商業といった具合に，ややもすれば個々別々の学びに終始していた。しかし，それでは各産業の学習に過ぎない。産業の学習では，各産業の特質や意義に関する理解に加え，それらを相互に関連付け比較する中で見えてきた特質について，なぜそのような特質を有するのかを，産業全体の構造の中に位置付けて考察することが望まれる。

　立地条件という汎用的で有用性の高い思考の「道具」を手にすることで，子供たちはこれまで学んできた農業との比較において，工業の本質的な特質をつかみ取った。また，このような経験が，立地条件という道具の有用性を子供たちに強く印象付け，今後の学びでも積極的に活

用し，しっかり考え抜こうとする，学びに向かう力を育むのである。

コンピテンシーが兼ね備えるべき汎用性の正体

　以上，有意味学習，オーセンティックな学習，明示的な指導という，主体的・対話的で深い学びを実現するための三つの授業づくりの原理について見てきた。

　コンピテンシー・ベイスの教育では，子供を未知の状況にも対応できる優れた問題解決者にまで育て上げることを目指す。その意味で，コンピテンシーは汎用的な特質を持つ必要があるが，それは一切の文脈や状況を捨象した学び，子供が所有する既有知識と切り離された学びによっては到達できない。むしろ逆で，個々の内容について子供の世界との緊密な関連付けを図り（有意味学習），現実に展開されている本物の社会的実践という豊かな文脈や状況の中で学ぶ（オーセンティックな学習）ことにより，学びは生きて働くものとなる。

　さらに，そのようにして得られた多様な学びを整理し，比較・統合する（明示的な指導）中で，表面的には大いに異なる学習経験の間に存在する共通性と独自性に気付き，統合的な概念の形成に成功した時，資質・能力は強靭かつ柔軟に機能する汎用性を獲得する。

　汎用性を求めるからこそ，その知識が現実世界で息づいている文脈や状況が不可欠なのであり，また学びの当事者である私自身のこれまでとの関連付けが鍵となってくる。そして，そのようにして得られた本物の学びについて，その意味するところを一段抽象度を上げて概念化したものが，汎用性の具体的内実であり正体にほかならない。

鋭角的な学びと間口の広い学び

　各教科等の授業では，まずはその教科等の特質に応じた「見方・考え方」をしっかりと子供が学び取れるよう配慮・工夫することが求められる。しかし，それだけでは子供たちは複雑多岐にわたる実社会・実生活の問題場面や状況において，洗練された独創的な問題解決を果たしていけるまでには，なおもう一歩届かない。理由ははっきりしていて，実社会・実生活の問題場面や状況は，各教科等の枠組みに沿って生じてはくれないからである。

　この点について答申は，「各教科等で育まれた力を，当該教科等における文脈以外の，実社会の様々な場面で活用できる汎用的な能力に更に育てたり，教科等横断的に育む資質・能力の育成につなげたりしていくためには，学んだことを，教科等の枠を越えて活用していく場面が必要」なのであり，「正にそのための重要な枠組みが，各教科等間の内容事項について相互の関連付けを行う全体計画の作成や，教科等横断的な学びを行う総合的な学習の時間や特別活動，高等学校の専門学科における課題研究の設定などである」（答申，32頁）と指摘している。

　これら教科等横断的な探究が求められる場においては，どの方法が使えるのかがあらかじめ見えていない。だからこそ，子供たちは各教科等で身に付けてきた「見方・考え方」という問題解決の「道具」の数々を自覚し，整理して俯瞰的に眺め，どれがどのような理由でどの問題

状況に適合するのかを考え，実際に試し，その有効性や留意点を深く実感していく。

　このように，その教科等の特質に応じた「見方・考え方」を鋭角的に学び深めていく各教科等と，それらを間口の広い対象に様々に適用する中で，教科等の枠組みを超えて「見方・考え方」を整理・統合し，ついには状況に即応して自在に繰り出せる質にまで高めていく教科等横断的な学びとが，各学校の教育課程の中で豊かなハーモニーを奏でるよう創意工夫することが，これからの学校教育のデザインに強く求められている。

（奈須　正裕）

引用文献
1）奈須正裕　2014「学習理論から見たコンピテンシー・ベイスの学力論」奈須正裕・久野弘幸・齊藤一弥（編著）『知識基盤社会を生き抜く子どもを育てる－コンピテンシー・ベイスの授業づくり』ぎょうせい，54-84頁
2）McClelland,D. 1973 Testing for competence rather than "Intelligence". *American Psychologist*, 28, 1 -14.
3）ウォルター・ミシェル（著）柴田裕之（訳）2015『マシュマロ・テスト：成功する子・しない子』早川書房
4）Chi,M.T.H., Glaser,R., and Rees,E. 1982 Expertise in problem solving. In R.Sternberg, ed., *Advances in the Psychology of Human Intelligence*, volume1. Erlbaum.
5）White,R.W. 1959 Motivation reconsidered: The concept of competence. *Psychological Review*, 66, 297-333.　邦訳版：ロバート・W.ホワイト（著）佐柳信男（訳）2015『モチベーション再考－コンピテンス概念の提唱』新曜社
6）Ausubel,D.P. 1963 The Psychology of Meaningful Verbal Learning. New York: Grune & Stratton.

Chapter2

コンピテンシー・ベイスの授業プラン＆システムづくり

▶コンピテンシー・ベイスの授業プラン ＆システムづくり
15事例の読み解きガイド

国語科の授業プラン

　一口にコンピテンシー・ベイスの授業づくりと言っても，各教科等の特質や授業づくりに対するアプローチの仕方，さらにはその授業者がこれまで学び深めてきた流儀や確立してきたスタイル等により，その現れは様々に異なってくる。ここでは，コンピテンシー・ベイスの授業づくりの観点から，2章の実践事例について，学びたいポイントを探ってみたい。

　国語科授業としては，物語文を題材とした佐藤実践と，説明文を扱った安達実践，伊藤実践の3事例がある。

　佐藤実践は，2作品を比較・関連付けながら読み深めることで，自分なりの作家像をつくるという取り組みである。同様の単元構成により，単なる読解を超えて，それらを生み出した作家，さらには「文学する」という人間の営為にまで学びを深める挑戦が近年盛んである。文学学習の幅を拡げ，子供の生涯にわたる読書生活の礎を築く動きとして期待されよう。

　そのような中にあって佐藤実践に特徴的なのは，あくまでも「作品の読みから得た感覚や感情をもとにして自分なりの小川未明像をつくる」との一貫した方針である。しかもそれは，「こうした作家・作品との出会いは，自分の身の回りの事象・事物等に対して，感覚や感情・経験をもとにしながら自分にとっての意味を主体的につくり始めている傾向が見られはじめた子供たちにとって，自分たちのくらしをより確かなものにしていくための一つの契機になり得る」という，一種のコンピテンシー育成を考えての判断であった。

　注目したいのは，一人読みのテーマを教師が指示するのではなく，自分が追究してみたいテーマとしている点，その一人読みに5時間を充てている点，学級全体での話し合いにおいて，「言い直したり言いよどんだりすることは，子供の内面で何かが生成されていたり深化していたりするからである」と考え，教師も子供も，その子が「言葉を選びながら自分の感じたことや考えたことを言語化するまで」じっくり待つようにしている点である。そのような支えがあるからこそ，B児のように「『時計の時間』ではなく『思った時間』でお話が進んでいるところが小川未明の作品の特徴なのかな」といった，深く個性的な気付きが生じてくるのであろう。

　さらに，そのような個の自律・充実を足場として，それらを相互に学び合い，生かし合う対話的な学びへの配慮にも，実にきめ細やかなものがある。本時の指導案には，「友達の思いを確かめることで自分の思いを確かめる」ことが目指され，そのために教師は質問や確認を行い，

また板書を工夫する旨が明記されている。対話的な学びの本質を突く指導方針と言えよう。

　佐藤実践とは対照的に，安達実践はかなり細かくつくり込まれた仕上がりになっている。もちろん，いわゆる教師主導ではなく，その時々の子供の思考や感情，知識状態の的確な把握に基づき，子供だけでは難しいが，教師のちょっとした支えや促し，意見の整理等により，子供が課題や見通しを自分事として見いだし，主体的・対話的に学びを推し進めていけるような単元構成なり支援となるよう心を砕いている点に注目したい。いわゆる「足場架け（scaffolding）」の考え方に立った授業づくりであるが，これにより，子供中心でありつつ，教師がここぞというところでは指導性を発揮し，教科等の本質をしっかりと押さえることに成功している。用いられている個々の手立ての巧みさと組み合わせの妙には目を見張るものがあるが，いずれも，国語科としての内容や資質・能力，教材価値の適切な分析と，目の前の子供の丁寧な見取りから生み出されたものである点が，ここでは重要である。

　安達実践で興味深いのは，これも近年の国語科授業で盛んになってきた「評価読み」の考え方を基底に据え，さらに読解と産出（作文）を組み合わせた活動としていることである。読解と産出がしっかりと結び付いておらず，読解で得た学びが産出に十分生かされてこなかったのは，日本の国語科授業の問題点の一つであった。注目すべきは，仲間が書いた「ベルト」に関する説明文のよさを分析的に評価する活動を通して，元の教材文の説明のよさである「穴がないと困ること」「穴があると便利なこと」に気付いた点であろう。つまり，読解での学びを産出に用いるという方向性だけでなく，産出を通して読解がさらに深まるという学びの筋道も存在し得るのである。より一般化して述べるならば，習得したものを活用することにより，習得それ自体もより深く，確かなものとなるという学びの可能性に気付かせてくれる事例と言えよう。

　もちろんその先では，新たに気付いたこの工夫を生かし，自分たちの説明文をさらによいものへと改善しようとしていく。このような往還的な，そして螺旋状に高まりを見せていく学びをこそ，今後の授業づくりでは是非とも目指したいものである。

　伊藤実践も，読解と産出を組み合わせた取り組みであるが，安達実践が読解での学びを産出に活用するという流れを取っているのに対し，単元の冒頭で産出という目的をしっかりと押さえ，そのために必要となってくる「絵の魅力を伝える文章を書くためには何を学べばよいか」を手段として位置付け，教材文の読解へと入っていく。「手段として学ぶ」というと悪く聞こえるかもしれないが，現に何事かを遂行するためだからこそ，学びが自分事になり，鋭角的になる。また，ただちにその知識や技能を活用するからこそ，それに耐えられるよう，意味的な理解や概念的な把握にまで学びを深める必要性が生じる。そもそも，現実生活での学びは手段としての場合が多く，伊藤実践はオーセンティックな学習を見事に体現している。

　授業中の子供の姿で興味深いのは，文章に書かれていることに加えて，その文章を書いた筆者の立場性をも踏まえ，その言葉や論理の妥当性を検討する視点を，自分たちの力で見いだした箇所であろう。この気付きは，子供たちの文章，さらには情報一般に対する概念や具体的な

対処の仕方にも広がる可能性を秘めた学びであり，コンピテンシー育成の観点からは，社会科や算数科の学びなどとも関連付けながら，さらに深めていきたいものと言えよう。

算数科の授業プラン

　小野実践は，内容を中心とした従来型の算数科授業で培われた学力が，Ｂ問題での不振に代表されるように，なぜ汎用的に活用できる水準にまで届かないのかの原因究明に立って組み立てられている。この単元について言えば，「表」や「樹形図」に問題場面を表すということは，「観点を定めて考える」という数学的アイディアに基づいて実行される分類・整理のプロセスの結果として生じる知識・技能に過ぎない。したがって，「表」や「樹形図」にのみ焦点を当てるのではなく，分類・整理のプロセスと，そこに現れる汎用的な数学的アイディア（観点を定めて考える）に着目した単元構成，授業運びとする必要があると言う。

　たとえば，前半の学習問題を答えが一つに定まる「何通りあるか調べよう」ではなく，「どんな場合があるか調べよう」とすることで，子供がプロセスに着目できるよう工夫している。そこから，「落ちや重なりがないようにするには，どうすればよいだろう」という後半の学習問題が，子供の側から生み出されていった。さらに，この問題を追究する中で，未だ解決には至っておらず，本人がその価値を十分に自覚できていないＡ君のアイディアが，教師と仲間の支えによって明晰に価値付けられ，さらに仲間の解決をも助ける質へと洗練されていく。プロセスに焦点化しての学びだからこそ，今まさにそのプロセスの渦中で奮闘しているＡ君が存分に活躍できたのであり，全員参加の授業づくりという意味合いからも貴重な提案と言えよう。

　併せてこの場面は，「知識は対話的に構成されていく」「知識は次第に，またどこまでも，よりよいものになっていく」といった対話的な学びとそこで生み出される知識の特質を，子供の具体的な姿によって，わかりやすく説得的に示した好事例でもある。

　渡部実践は，新学習指導要領に言う「低学年教育」の今後を考える上で，貴重な提案となっている。具体的には，図画工作科との合科的な指導とすることで，また算数科としても，まずは自由に箱や形と様々に関わる経験をする機会を存分に設けており，その中で，子供たちは形に関するいくつかの断片的な気付きを持つようになる。

　単元の後半では，このようにして生まれた子供の気付きを発問や板書を駆使して整理・統合していき，そこで生じた問いを再び操作活動を通して個々人が自由に探究するといった流れで学びを深めていく。ついには，帰納的な考え方を用いて2乗の数を発見し，きまりを一般化したり，図形の美しさや構成の原理に気付くところまで進むことに成功している。1年生であるから，子供たち自身がそのことを明晰に自覚しているわけではないが，今後につながる学びの素地として，帰納的な考え方の感覚や，数理的な事象にはきまりがあり，そこから美しさや秩序が生まれるといった直観的な理解は，多くの子供が持ったに違いない。

　今後の「低学年教育」においては，幼児教育との連続性を踏まえ，引き続き自由度の高い活

動を通しての身体的で感覚的な学びを大切にすると共に，そこで子供たちがつかんだものを，教科等の見方・考え方を踏まえた教師の意図的な支えや促しにより，直観的ではあるが本質的な気付きや感覚にまで深めることにより，それらが内容の習得をも含めた先々の学習の確かな基礎となっていくよう，その教科等の系統を見据えた計画的で組織的な指導が望まれる。

　飯干実践は，極めつけのオーセンティックな学習であると同時に，新学習指導要領の基本方針である「社会に開かれた教育課程」を地で行く取り組みである。また，総合的な学習はもとより，組み方によっては社会科，理科，国語科との合科的・関連的な指導とすることも可能であり，「教科等横断的な視点」に基づく教育課程編成の試みとしても注目に値する。

　もっとも，そもそも現実の探究や学習はおよそ「社会に開かれた」「教科等横断的」なものであり，飯干実践は，それが子供の目線から見た場合，何ら特異なものでも奇をてらったものでもなく，むしろ自然な営みであり，やりがいを感じるもの，またすべての子供がその個性を発揮して活躍でき，お互いに協力しながら進められるものであることを示している。

　飯干実践のもう一つの重要な特徴は，木村特任研究員からのメールにもある通り，「まだ誰も知らないこと」を対象として追究している点である。このことは，正解主義に凝り固まりがちな子供たちの学習や知識に関する概念を，大きく揺さぶり，ほぐしていくに違いない。

社会科の授業プラン

　社会科の二つの事例は，40時間の大単元構成により，子供の執拗で広範な探究を基調に経験主義社会科の王道を行く林実践に対し，わずか3時間ながら，魅力的な教材と考え抜かれた発問構成で鋭角的に切り込む村田実践と，外形的には極めて対照的ではある。しかし，いずれの実践も社会科の鍵概念を着実に押さえると共に，それを足場に各自が展開する多様で個性的な表現活動とその相互吟味を通して学びを立体的なものとし，結果的に習得した鍵概念のさらなる定着と汎用性の向上を図ろうとしている点では共通の構造を持っているとも言える。

　林実践が扱う内容は，元々は公共的な社会の仕組みが人々の健康で安全な生活を支えているということの理解が主眼であった。それが後に，環境問題との関わりをも含むようになり，今日ではこの二つをどのように統合するかが，実践展開上のポイントとなっている。

　林実践は，水道水，下水，ごみを一体的に扱うと共に，三者に共通する視点として環境への負荷という概念に注目させ，環境問題への対処という観点から，公共的な社会の仕組みのあり方や，それを支える原理に迫るというアプローチを構築している。注目すべきは，ごみ処理において，環境負荷を下げるには高温処理が有効であり，山形市はその道を選んだが，高温処理は高コストであり，寒河江市はそれを避けて焼却灰を埋め立てる従来型の方法を選択したという事実の教材化であろう。環境問題を情緒的態度論やスローガンではなく，経済的な視点なども含めたディレンマ状況における公共的な集団意思決定の問題として冷静且つ複眼的にとらえさせようとしている点に，社会科が目指すべき本質的なあり方が見事に体現されている。

村田実践では，グリコのおもちゃを素材に，特定のものの変化を見ていくことで，その時々の社会状況をとらえることができるという歴史的な見方・考え方を直裁に指導する。そのたたみかけるような素早い展開は伝統的な社会科授業とは趣を異にするが，結果的にわずか１時間で子供たち全員が歴史的な見方・考え方の萌芽を着実に感得している事実に注目したい。どの教科でもそうだが，「この教科はこのように指導するもの」との先入観はかえって危険であり，子供たちのためにも常に見直されるべきであろう。村田実践は，その好例と言える。

しかもその過程において，変化を説明するために教科書や資料集，インターネットを適宜活用させ，社会科的な調査の方法の指導も含み込んでいる。また，内容的にも，戦前・戦中・戦後の各時代，さらに高度経済成長期にまで，その歴史的特徴の把握は広がりを見せている。

加えて，第２次では習得した見方・考え方や調査の方法を，各自の興味・関心に開いた形で活用する機会を設けている。新たな対象や文脈に自力で活用することにより，見方・考え方や調査方法の汎用性は高まり，概念化・道具化も一気に進むものと期待される。

理科の授業プラン

日本に限らず，理科教育は伝統的に科学的な見方・考え方を大切にし，科学的探究の方法やそれを支える論理を学力論の根幹に据えてきた。その意味で，理科はこれまでも十分にコンピテンシー・ベイスな特質を有していたと言えよう。そこで，本書ではさらにその先を目指す取り組みの例として，二つの実践を紹介することにした。

杉澤実践は，「学習法」で知られる奈良女子大学附属小学校の事例である。「学習法」とは，大正期に同校の校長を務めた木下竹次がその主著『学習原論』で展開した考え方で，子供のトータルな学ぶ力，考える力，そして生活を切り拓く力をしっかりと育成することにより，子供は自らの意志と力でもって主体的に，また仲間との互恵的な関わり合いの中で対話的に，どこまでも学びを深め，広げ続けていくという教育論である。

杉澤実践でも，子供たち一人ひとりが，リフティングマグネット付きユンボの見学を契機として抱いた疑問を，まずは「独自学習」の中で自由闊達に追究していく。その際，素朴な疑問や予想を科学的な仮説にまで高め，また条件制御を始めとする科学の方法論にも留意しながら，その子なりの追究を次第に妥当性のある精緻なものへと洗練させていけるよう，教師は個々の子供の実情に即した助言や問いかけを随時行っていくことが重要なポイントになる。

「独自学習」が一段落したところで「相互学習」へと移行していくが，そこでは追究の様子を聞き合い，吟味し合うことにより，各自の追究の意味や課題を互恵的に明らかにしていく。「相互学習」を通して見えてきた問題点や新たな課題については，さらに「第２次独自学習」の中で深め，広げていき，単元全体としてはゆるやかなオープン・エンドとなっている。

こういった構成は，学習は究極的には個の中で生じるとの考え方に基づいている。そして，一人ひとりが自律的に学び深め，納得や限界にまで達した時にこそ，「仲間の追究の様子や考

えを聞きたい」となり「相互学習」が成立すると考える。主体的・対話的に学びを深めるという今日的な実践課題に対し，奈良の「学習法」は子供の学びの本質に立って応えてくれている。

　国語科で登場した佐藤先生に，ここではもう一つ，理科を題材とした斬新な取り組みを紹介いただいた。読者は，３年生の子供たちが１年間にわたる自分たちの学習履歴を振り返り，OECDのキー・コンピテンシーなどでいう省察（reflection）を行うばかりか，カリキュラムといった専門的な概念まで用い，その改善の可能性に関する包括的な主張や議論をしている事実に，少なからず驚かれるであろう。もちろんその基底には，国語科の実践でも垣間見えた，佐藤先生による，子供の思考力や学びに向かう力を高める日々の鍛錬がある。それは奈良の「学習法」にも通じるものであるが，そういったコンピテンシー育成に向けての懸命な努力が奏功した暁には，これほどのことさえ成し遂げる力を３年生はそもそも潜在させているという厳然たる事実にこそ，私たちは目を向けるべきであろうし，しっかりと共有すべきであろう。

総合的な学習の時間の授業プラン

　理科と同様，総合的な学習の時間ももともとコンピテンシー・ベイスな性格を持っている。とりわけ平成20年改訂の際に，学力論の中に「内容」とは別に「育てようとする資質や能力及び態度」という概念を打ち立て，むしろそちらを大切にしながら，各学校における全体計画や年間指導計画，単元計画の整備を促してきた経緯がある。その意味で，思考・判断・表現を支える汎用的スキルや非認知的能力の育成については，質の高い取り組みが幅広く存在する。

　算数でも登場した飯干先生の実践は，地元の特産であり重要な産業である「神石牛」のブランディングという地域の切実な課題に真正面から取り組んだ，いかにも総合的な学習の時間らしい，体当たりを身上としたダイナミックな展開となっている。

　地域創生を主題とした実践は多いが，重要なのはその本気度であり，現に地域の事実をどこまで揺さぶったかであろう。三和小学校のような山間部の小規模校という条件は，その点ではかえって圧倒的なアドバンテージとなりうる。地域の将来を担うのは，掛け値なしにこの学校，この学級の子供たちに他ならないのであり，子供たちの活動に地域の人たちが即座に呼応し，一気に地域を挙げての取り組みとなるのが，ごく自然なことだからである。

　飯干実践でも，地域の大人たちの熱い視線を受けて，子供たちは知恵を絞り，汗を流すが，時には活動に没入するあまり，そもそもの目的を見失うこともないわけではない。実践報告は，その確認と軌道修正の場面を取り上げており，基本的には子供の動きに委ねながらも，「活動あって学びなし」に陥らぬよう，教師が指導性を発揮することの重要性を訴えている。

　野村実践は，宝塚の市街地に位置する私立学校という，飯干実践とは対照的な立地条件の下で構想・実施された。パラリンピックという子供たちの関心事を題材に，地域に飛び出しての体験や活動ではなく，資料の読み解きや討論を中心にしながら，障がいとは何か，公平とは何かといった，人間の生き方，社会のあり方の根幹に関わる切実な問いを，納得を求めて自己の

内面へとどこまでも深めていく展開となっている。

　注目すべきは，同じく障がいを持ちながら，オリンピックへの出場を許可された選手とされなかった選手の対比を軸に，グラフや映像等，そこで何が起こっているのかの吟味や自身の意見の形成に有用な情報やデータが極めて適切且つ構造的に教材化され，しかも，その利活用に一定の負荷がかかるよう絶妙に配慮されている点であろう。

　新学習指導要領では，総合的な学習の時間における「知識」の重要性が改めて確認され，強調された。もちろん，そこでいう知識とは概念的で統合的な質のものであり，よく構造化され，問題解決に自在に活用される水準にまで高められたものを指す。

　野村実践の中で圧倒的なまでの深まりを見せているのは，まさにそのような質の知識であり，「自己の生き方を考えていく」という総合的な学習の時間の究極目標を支えるのは，どのような質の知識であり，またそれはどのように深めていくべきかについて，ここに示された子供の姿，そして教師の技術と姿勢は，私たちに多くのことを教えてくれている。

プログラミング教育を取り入れた授業プラン

　岐阜聖徳学園大学附属小学校は，大学のスタッフから手厚い支援を受けながら，情報教育の推進に力を入れてきた学校である。近藤実践は，小学校におけるプログラミング教育の今後に期待される様々な要素をコンパクトな中に適切且つ巧妙に盛り込んだ好事例と言えよう。

　プログラミングの経験は，従来の教科等の学習では感得するのが難しかった，学びや知識，問題解決やコミュニケーションに関する重要ないくつかの概念の獲得を，自然な形で促してくれる。たとえば，「試しながら少しずつ改善していけばよい」という経験は，「失敗や間違いは，次に何をなすべきかを教えてくれる情報源であり，価値ある出来事である」「知識は段々と，またどこまでも，よりよいものになっていく」といった洞察や姿勢を子供たちにもたらす。

　近藤実践では，そういったプログラミングならではの特質を踏まえ，さらに価値ある学びをより効果的に実現できるよう，様々な配慮が随所でなされている。たとえば，試行錯誤を繰り返す中で，多分に偶発的に目指す動きを実現してしまったものもあるが，「どのような仕組みでそうなっているのか」を文章化させたり，仲間のプログラムについて推測させたりする活動によって，意図する一連の動作を実現するにはどのような動きの組み合わせが必要であり，一つ一つの動きに対応した記号を，どのように組み合わせれば意図した動作に近づくのかを論理的に考える力の着実な育成を目指している。また，情報の共有と相互での利活用を通して，知的所有権を巡る問題についても，数多くの気付きが得られるよう工夫されている。

学校全体で取り組むシステムづくり

　授業はコミュニケーションの一種とも言えるが，すると，その土台となるルールが個々の教師や教室によって大きく異なっているのは，子供たちにとって大きなストレスではないか。手

が上がらない，自信を持って発言できない，仲間とどう関わればいいのか困惑するといった現象も，授業の中身がわからない，関心がない以前の問題として，それについて教室でコミュニケーションを進めるルールが子供たちに見えない，共有できていないからではないか。

　川崎小において，全学級が共通性と一貫性を持ち，またその詳細を子供に明示的に伝え，しっかりと共有してきた背景には，このような洞察がある。また，今日の授業で何を目指すのかが，具体的なルーブリックとして毎時間，やはり明示的に伝えられ，共有される。これにより，子供たちは常に「何をすべきか」を的確に把握し，安心して授業に臨むことができる。

　川崎小の取り組みが興味深いのは，ルールの共通化やルーブリックの共有が，かえって一人ひとりの個性的で闊達な授業への参加と活躍を促進し，それを基盤とした対話的な学びの深まりに寄与していることであろう。川崎小の教室には，上目遣いで教師の顔色を読もうとする子は一人もいない。思えば，情報の共有，ルールの明示化は民主主義の基本ではなかったか。

　４月の３週から校内授業研が出来るのも川崎小の特徴であるが，思えば自然なことであり，多くの学校でこれを困難にしている要因にこそ，しっかりと目を向けるべきであろう。

　もう一つのアプローチである教科の一人学びは，学習指導要領総則にいう「個に応じた指導」の理念を具現化したもので，その発祥は古く，また協働学習が隆盛を見せている今日でも，欧米では広く一般的に実践されている。むしろ，奈良の「学習法」などにもあるように，協働学習が真に深まるには，個の深まり，個の自律が欠かせないのであり，主体的・対話的で深い学びを求めるからこそ，いっそう「個に応じた指導」の充実，徹底が不可欠と言えよう。

　残念なことに，「個に応じた指導」という言葉から多くの教師がイメージするのは，要素的な知識や技能の習熟に向けて，教師が子供の横にべったり貼り付いて個別的に教えるというスタイルである。それもあっていいが，むしろここで紹介されているような，本気で子供に任せる学習こそが，個の深まり，個の自律をもたらす。川崎小の取り組み同様，何をどうすべきかをわかりやすく明示的に伝えることに成功しさえすれば，子供は自ら進んで意欲的に，また個性的に学びを深めていくことができる。この事実に，まずはしっかりと目を開きたい。

　また，扱う学びの質についても，習熟一辺倒ではなく，概念的な理解や創造的な意見の形成を目指すものまでイメージを広げたい。そのような質の学びを個々の子供に思い切って委ねるからこそ，子供たちは思考力や判断力を身に付け，粘り強く学ぶ力や自己省察の態度と能力，さらにメタ認知までも徐々に高めていくことができるのである。

（奈須　正裕）

1 ぼく・わたしの小川未明
〜「月夜とめがね」「とのさまのちゃわん」

1　単元の概要

　本単元でテーマにする予定の小川未明は，「日本のアンデルセン」「日本児童文学の父」と呼ばれる日本の代表的な童話作家の一人である。小川は，大正デモクラシーや太平洋戦争など社会の変容を背景にしてバリエーションに富んだ作品を残した作家であると言われている。本単元で全員が共通で扱う予定の「とのさまのちゃわん」は，薄手の茶碗こそ上等なものだと考えていた陶器師や家来と，その茶碗に食事の度に苦しんでいた殿様の姿が対比的に描かれており，ものをつくる人と使う人の関係や陶芸等の工芸の美しさ等に関する未明の思想が見え隠れするものである。一方，「月夜とめがね」は，新緑の頃の月の夜の幻想を美しく描いたファンタジー作品である。

　こうした大きく雰囲気の違う二つの作品を対比させながら読み進めることは，単一の作品を読むよりも，読者が他者とは明らかに違う，より際立った自分なりの作品世界を構築していくことにつながるものと考える。さらにこうした読みを中心に他の作品にも視野を広げて，作者である小川未明について考えることは，作品集の末尾にある作者紹介・解説等を読むような一般論的な小川未明像をつくるのとは違い，作品の読みから得た感覚や感情をもとにした自分なりの小川未明像をつくることになるものと考える。こうした作家・作品との出会いは，自分の身の回りの事物・事象等に対して，感覚や感情・経験をもとにしながら自分にとっての意味を主体的につくり始めている傾向が見られはじめた子供たちにとって，自分たちのくらしをより確かなものにしていくための一つの契機になり得るものと考える。

　そこで本単元では，はじめに作者名を伏せて二つの作品を提示する。そして，子供がこの二つの作品を読み比べて感想を話し合う活動からスタートする。子供たちは，主にどちらが好きかという視点で二つを比べて感想を述べるものと考える。また，二つの作品の雰囲気が違うことから，同一の作者による作品であるとは考えもしない子供も多いものと考える。そこで，子供が感想を話し合ったあとに，二つとも小川未明の作品であることを伝える。その上で，その作品を好きな理由，似ているところ等を考えることを通して自分にとっての小川未明とはどんな作者であるかということをまとめる学習を展開することを提案する。次に大まかな学習の見通しや学習のまとめ方等について確認する。共通で読むことを予定しているのは「月夜とめがね」「とのさまのちゃわん」の2作品であるので，まずこの二つの作品について詳しく一人読

みをし，その結果考えたことを話し合う活動を行う。次にこれをもとに，未明の他の作品を読む時間を設定し，そのあとで「自分にとっての小川未明とは」ということについてまとめるという展開を予定している。

2 本単元で育成を目指す資質・能力

〔知識及び技能〕
・作者である小川未明についての自分の考えをまとめる際に，一つの作品だけではなく複数の作品を読み比べるという方法が有効であることに気付く。

〔思考力，判断力，表現力等〕
・複数の作品を読み，叙述をもとに想像したことを手がかりに小川未明という作者について自分なりの考えを持つ。

〔学びに向かう力，人間性等〕
・感覚や感情・経験等をもとにしながら自分にとっての意味を主体的につくる。

3 授業のねらい

複数の作品について，登場人物の性格や気持ちの変化，情景などについて，叙述をもとに想像することを通して，「自分にとっての小川未明」について書きまとめたり，書きまとめたものを紹介し合ったりすることができる。

4 単元の流れと指導計画（全14時間）

次	時	主な学習活動
1	1〜2	小川未明の「月夜とめがね」「とのさまのちゃわん」という二つの作品を読み比べ感想をまとめる。
	3	感想を話し合い，学習の見通しを持つ。
2	4〜8	学習の方法や進め方について確認し，心に残った描写やそこで感じたり考えたりしたことを書きまとめながら一人読みを行う。
	9〜11	一人読みをして考えたことを話し合う。
3	12〜14	必要に応じて他の作品も読み，「自分にとっての小川未明」についてまとめたり，それを友達と紹介し合ったりする。

5 本時の学習指導案（第9時／全14時間）

時間	子供の学習活動	教師の指導・支援
2分	1 前時までの学習を想起し，本時のめあてをつかむ。	
	一人読みして感じたことや考えたことを話し合い，自分の読みを確かめよう。	
40分	2 一人読みして感じたことや考えたことを話し合う。	・感想を話し合う際に，自分の思いを十分に言語化できない子供がいることも予想される。そこで，「自分の思いをそれに見合った言葉で言語化する」「言語化することで自分の思いを確かめる」「友達の思いを確かめることで自分の思いを確かめる」というようなことができるようにするために，子供同士の質問や確認だけではなく，必要に応じて教師も質問や確認を行いながら，話し合いを進める。子供が，自分の感じたことや考えたことを確かめる手がかりとすることができるような，発言者の思考の道筋などがわかりやすい板書を行うように心がける。 ・子供たちの話し合いは，大きく分けると「どちらの作品が好きか」「二つの作品の共通点はどこか」という視点から展開することが予想される。ここでは，一人ひとりが作品や作者である小川未明に対する自分の思いを確かめることがねらいであるので，子供の感じたことや考えたことの輪郭をはっきりさせるということを大事にして話し合いをコーディネートする。
3分	3 本時の学習活動を振り返り次時の見通しを持つ。	・自分の思いを十分に確かめることができたのかどうかという確認をして次時につなげる。

6 本時の授業展開例

　前時まで，子供たちは「二つの作品に共通して流れているもの」「二つの作品それぞれの魅力」「二つのうち自分が好きな作品」など，自分が追究してみたいテーマにそって一人読みを進めてきている。二つの作品の一人読みを行うので，子供たちが時間的な見通しを持って活動を進めることができるように，簡単に５時間分の計画を立てた上で一人読みの活動にはいったが，半数以上の子供は二つの作品の一人読みを早めに終わらせ，二つの作品以外の小川未明の作品も読み進めていた。（教室に小川未明の作品を集めたミニ学級文庫を設置していたので，子供たちは休み時間等にも興味を持って小川未明の作品を読んでいた。）

　一人読みの際には，気になった描写を書き抜き，そこで自分が感じたり考えたりしたことをまとめることを全員で確認し活動にはいったが，本時では，学習課題を確認した後に，まずA児が一人読みで感じたり考えたりしたことについて話した。その内容は次のようなものである。

> 　私は，小川未明の作品にはどこか共通点があるような気がしました。それは，最後があまりスッキリしないということです。「月夜とめがね」では，女の子が足音もなくどこか

にいなくなってしまったんだけど，おばあさんは「みんなお休み，どれ私もねよう」と家の中に入って行き，「ほんとうに，いい月夜でした」で終わっています。お話がまだ続きそうなのに途中で終わっているような気がしました。「とのさまのちゃわん」は，小川未明には珍しい，本当にありそうなお話なんだけど，陶器師がその後どうなったのかが気になります。小川未明の作品は，長く読めるのが良いなとは思うんだけど，ちょっと好きでちょっときらいだなと思っています。ちょっと好きなのは，「この後どうなるんだろうと，続きが想像できるところです。ちょっときらいなのは，それとは裏返しなんだけど，「続きが気になるのに…」というところです。あと，例えば「お役人がうやうやしく」とか，その時代が感じられるような言葉使いが多くて，昔の感じがするなあというのも特徴なのかなと思いました。昔の話もそうだし，「月夜とめがね」みたいなのも私にとっては空想の世界のことだと感じるので，そういう空想の世界の場面設定というのも私にとっての小川未明の特徴なのかなと思っています。

これの発言を聞いていたB児は，次のように話した。

　確かに，昔の感じがするのは小川未明のいろんな作品に共通しているなあと思うんだけど，それよりも空想の世界を書くというところが小川未明らしさなんじゃないかなと思いました。空想の世界というのは，現実にあるとか内とかというよりも，私が感じたのは，時間が違うというか…私は，「三日」とか「いく日も」とかそういう時間の書き方が気になったんだけど，「時計の時間」ではなく「思った時間」でお話が進んでいるところが小川未明の作品の特徴なのかなと思いました。私はそういう所が好きだし，時計の時間でなくて思ったことの時間で書かれていても，あまりひっかからないでいつの間にかどんどん読み進めています。そして，あまりひっかからずに読んでいくんだけど，いつの間にか不思議な世界に入っていってしまいます。例えば，「外は青白い月の光が…」なんていうところがあるんだけど，時計の時間とは違う時間でお話が進み，きれいで静かな感じの世界にいつの間にか入っていってしまうという感じです。そして，あとからこんなすごいことがあるんだなと思うことが多かったです。私にとって小川未明をまとめていうと，「ああこんなすごい世界だったんだ」とか「不思議だなあ」とか，後から感じるような作品が多いなというところです。

　もちろん，子供がこうした話をするときは，言い直したり言いよどんだりすることがある。しかし，そのように言い直したり言いよどんだりすることは，子供の内面で何かが生成されていたり深化していたりするからであると考え，基本的に子供が言葉を選びながら自分の感じたことや考えたことを言語化するまで，みんなでじっくり待つようにしている。また，発言者の

子供の話を聞いていて，その言葉の背景には，まだ十分に言語化されていない感じたことや考えたことが隠れているなと感じた場合には，教師も聞き手の子供たちも問い返しを行ったり，確認を行ったりしながら話し合いが進んでいく。そのため，一人の子供が話す時間がとても長くなり，本時の場合には，二人の子供の発言で一時間が終了した。

7　評価について

　どのような叙述に注目し，どのような読みをしているかということについては，一人読みを進める時にまとめたノートやそれをもとにした一人ひとりとの会話をもとに評価する。登場人物に寄り添っているのかまたは第三者的な立ち位置で見ているのかというようなその子なりの読みの視点や，どういった描写に意識が向いているのか等をとらえ，明らかに文脈からはずれた誤読等が見られる場合には個別に関わりながら支援を行う。

　また，どのような「自分にとっての小川未明像」を描いたのかということについては，単元の最後に書きまとめたものをもとに評価する。ここでは，作品全体を流れるテーマ等に関してどのようにとらえているのかといったことや，それが子供のどのような経験に裏付けられているのか等をとらえることができる。そこで，こうしたことをとらえ，次の学習や他教科での学習につなげる。

（佐藤　卓生）

2 自分たちの「あなのやくわり」 事例説明文を書こう！
―「評価する力」を軸に主体的・対話的に探究し，思考・判断・表現しよう―

1 単元の概要

「あなのやくわり」（東京書籍2年）は，低学年説明文に多く見られる，動物・植物・昆虫の生態を扱う内容とは異なり，身近な生活からの発見を題材とした特徴的な教材である。穴が何のために開いているのかを自分の生活と結び付けて読むことができ，子供は自然に穴（事例）探しを始めたくなる。また，「はじめ」「中」「おわり」の三部構成が整っているため，双括型の構造をとらえやすく，身近な穴（事例）を説明する「中」の文章を書く活動につなげやすい。

本単元においては，「評価する力」を中心に思考力・判断力・表現力等の育成を図る。説明文全体の評価・三部構成をとらえた上での再評価・事例ごとの比較評価を経て，共同（ペア）で事例説明文を創作し，その相互評価へと発展させる。学級全員の事例説明文を読み合い，印象的だったペア作品を評価して感想文を送るという活動を通して，学びに向かう力・人間性等の育成を目指す。本実践では，モデルとなるペア作品が早く仕上がり，教材文の事例と比較しながら「友達の表現から学び，自分の表現に生かす」という資質・能力を磨くことも実現した。

2 本単元で育成を目指す資質・能力

〔知識及び技能〕
・説明文の三部構成（「はじめ」・「中」・「おわり」）をとらえる。
・「中」に書かれている四つの事例説明文が，説明文全体に果たす役割・効果を考える。

〔思考力，判断力，表現力等〕
・事例のよさ（意味の深さや説明の満足度）を比較評価し，よい事例とは何かを思考する。
・共同（ペア）で，身近にある「あな」を探し，事例として成立するか判断する。
・共同（ペア）で，「あなのやくわり」にふさわしい事例説明文を書く（表現する）。

〔学びに向かう力，人間性等〕
・学級全員の事例説明文を読み合い，互いに評価し，感想を伝え合う。

3 授業のねらい

説明文の事例を評価する力を身に付け，共同（ペア）で事例説明文を書いたり，互いに作品を評価し，感想を伝え合ったりすることができるようにする。

4 単元の流れと指導計画（全9時間）

次	時	◎学習課題 「主な発問」〈学習内容〉
1	1	◎身近にある穴を探そう 「穴が開いている物には，どんな物がある？」〈「読みの構え」形成〉 ◎説明文の内容をとらえよう 「（題名から想像して）どんな穴が出てくるかな？」〈読前の想像〉 「『あなのやくわり』は〜だな。なぜかと言うと…」で書こう〈初読の感想〉 「みんなで一緒に考えたいこと・話し合いたいことは？」を書こう〈授業の計画〉
	2	◎説明文の説明の仕方を考えよう 「この説明文は〇点です。なぜかと言うと…」で評価しよう〈説明文全体評価→意見交流〉
	3	◎説明文の仕組みを確かめよう 「はじめ」・「中」・「おわり」に分けよう〈三部構成各部の役割〉 「筆者の説明の仕方は〇点です。なぜかと言うと…」でもう一度評価しよう〈三部構成を確かめた上での再評価〉
2	4	◎事例の述べ方を比べよう 事例（五十円玉・プラグの先・植木鉢の底・醤油さし）を「びっくり度」「なるほど度」「わかりやすさ」で評価しよう〈事例の比較評価→意見交流→個人再評価〉
	5	◎事例のよさ（意味の深さ・説明の満足度）をアピールしよう 各チームで担当する事例（五十円玉・プラグの先・植木鉢の底・醤油さし）のよさを深く考えてアピールしよう〈チームごとの意味探究→全体交流→相互評価〉
	6	◎別の事例を見つけて，穴の役割を考えよう 「どんな物？どんな穴？どんな役割？」を考えて，事例説明文を書こう〈ペアでの思考→ペアでの文章表現〉
	7 （本時）	◎教科書の事例の述べ方と友達の作品の共通点・相違点から学ぼう 「四つの事例の述べ方とI君・N君作品から学ぼう」〈モデル作品の活用→表現の吟味・修正〉
	8	◎事例を生かした説明文のまとめ方を考えよう 自分達の作品が「サンドイッチ式」（双括型）の「はじめ」（話題提示）「中」（事例）「おわり」（まとめ）に合うか確かめよう〈双括型構成の確認→作品の自己評価〉
3	9	◎友達の作品を評価する文章を書こう →友達の作品のよさ・感想を書いてプレゼントしよう〈作品の鑑賞→相互評価〉

5 本時の学習指導案（第7時／全9時間）

時間	子供の学習活動	教師の指導・支援
5分	1 前時を振り返る。	・前時にペアで書いた事例説明文の進み具合を確認する。 ・前時に書き終えられたＩ君Ｎ君の作品を紹介し，本時の教材にすることを伝える。
	課題1 Ｉ君Ｎ君作品のよさを調べよう。	
5分	2 事例説明文の3項目（①どんな物？②どんな穴？③どんな役割？）について，Ｉ君Ｎ君作品のよさを話し合う。	・Ｉ君Ｎ君作品のコピーを全員に配付する。 ・ペアで話し合い，作成中の自分たちの作品と比べて，見習いたい点や取り入れたい点を出し合わせる。
10分	3 ペアで話し合ったことを全体で共有する。	・①身近な物の中から穴を発見すること②穴についてわかりやすく説明すること③穴の役割について説得すること等を評価できたか，観点を示して確かめる。
	課題2 教科書の四つの事例とＩ君Ｎ君作品の書き方を比べよう。	
10分	4 教科書の4事例の「③穴の役割について」の述べ方を比較する。	・五十円玉／プラグの先／植木鉢の底／醬油さしのそれぞれの述べ方を分類し整理する。（Ａ＝穴がないと困ることを述べた説明，Ｂ＝穴があると便利なことを述べた説明，それぞれどちらのタイプか。）
5分	5 Ｉ君Ｎ君作品は，ＡＢどちらのタイプか検討する。	・Ｉ君Ｎ君作品にはＡもＢも書かれていることに気付かせ，効果的な表現方法を考えるきっかけとする。
10分	6 本時の学習から，作成中の事例説明文に生かしたい点をペアで相談して，前時の続きを書く。	・Ｉ君Ｎ君のよさを，自分たちの事例に活用させられるように促す。

6 本時の授業展開例

　前時に，I君N君ペアは意欲的に活動を進め，他のペアよりもだいぶ早く書き上げていた。この作品は，ただ仕上がりが早いだけでなく，穴の役割について教科書の事例説明の方法を組み合わせて活用しており，学び合う価値のあるモデルだと判断することができた。

　この作品の中で使用している教材文中の表現は，「ですから」「…ひつようなのです」（醤油さし事例からの転用），「このことにより」（プラグの先事例からの転用）である。また，内容面では，A（穴がないと困ること）として，「このあながないと，ベルトがきちんとしまらないので，ズボンがおちてパンツが見えてしまいます」と述べ，B（穴があると便利なこと）について，

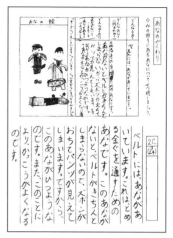

I君N君が書いた事例説明文

「また，このことにより，かっこうがよくなるのです」とまとめている。AB両面を述べている事例は，教科書の4事例にはない。それまでの学習過程において，4事例を比較評価し，それぞれの述べ方のよさを習得した結果，どちらの方法も活用したいと考えたのである。

課題1　I君N君作品のよさを調べよう。

　まず，全員にコピーを配付し，ペアで話し合わせる。ここでは，I君とN君が「ベルトのあな」を取り上げたことが，内容面の興味をひく一番のポイントになった。本校は私立の男子校で，全校児童が毎日欠かさず制服ズボンにベルトを締めて登校しているからである。普段はなかなか気付きにくいが，実は，ベルトは最も身近な道具であり，もしこの穴がなかったら大変なことになるという実感をだれもが持っている。同時に，「このことにより，かっこうがよくなるのです」という表現に，ベルトや制服に対する愛着が表れていて，共感を呼ぶものとなった。本教材が持つ「自分の生活と結び付けて読むことができる」という特性を生かすことができ，事例内容への関心の高さが，その後の主体的・対話的な学びの原動力にもなった。

　次に，全体で共有する際，述べ方のよさに着目させるため，全員に事前メモとして整理させた三つの項目（①どんな物？②どんな穴？③どんな役割？）を取り上げ，その表現効果について考える。①「ベルトには，あながあいています」については，既に最も身近な物を発見し事例として取り上げたことが認められた。②「これは，とめる金ぐを通すためのあなです」の文も，「そう。その通りだ」「わかりやすい」と，機能の説明の仕方を十分評価されていた。だが，③穴の役割を述べる文章の説得力等については，I君N君の文をなぞって読むだけではその価値を生かしきれないので，教科書の事例との比較という方法をとることにした。

課題２　教科書の四つの事例と I 君 N 君作品の書き方を比べよう。

教　師：教科書の四つの事例をもう一度よく読んで，穴の役割の書き方について比べてみましょう。まず，五十円玉には，どうして穴が開いているの？

子　供：昔の五十円玉は，百円玉と同じくらいの大きさで，間違える人がいたから。

教　師：そうすると，困ったことがあったから，それを解決するために穴を開けたというわけ。同じようなタイプの事例がありますか？

子　供：植木鉢かな。水が下の方に溜まると根が腐ってしまうから，解決のために穴を開けたから。

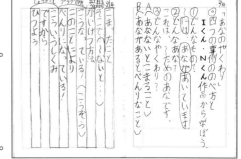

授業ノートより

子　供：ああ，なるほど。だったら，プラグの先は？

子　供：穴がなくても大丈夫は大丈夫だけれど，あった方が抜けにくくなって，もっと便利ということ。だから，ちょっと違うタイプだと思う。

教　師：そうすると，Ａ（穴がないと困るもの）と，Ｂ（穴があると便利なもの）があるのかな。それぞれどっちのタイプか考えてみましょう。

子　供：プラグの先は，Ｂ。「プラグの先はこうなっている！　このことにより，便利になっている！」ということが書いてあって，抜けにくくするというのは，便利にするための工夫だから。

子　供：五十円玉と植木鉢は，さっき言ったように，穴がないと困ることが起きてしまうから，Ａタイプ。

子　供：だったら，醤油さしも同じじゃない？　穴が一つしかなかったら，醤油が出てこなくなっちゃうから。Ａでしょう？　だって，「ですから…ひつようなのです」って書いてあるし…。

子　供：確かに。でも，醤油さしには二つ穴があるから，どっちの穴もＡと言えるかな？

子　供：一つは醤油を出すための穴で，もう一つは空気を入れるための穴。役目は違うけどＡだね。

教　師：それでは，I 君 N 君作品は，どちらのタイプ？

子　供：ああ―！　「このあながないと，ベルトがきちんとしまらないので，ズボンがおちてパンツが見えてしまいます」の文はＡタイプ。でも，「また，このことにより，かっこうがよくなるのです」は，困ることではないからＢタイプ。ベルトは，ないと困る物だし，格好よく見せるための物でもあるから，ＡもＢも使って書いてある。I 君 N

君，すごいね！

教　師：それでは，自分たちの作品はＡタイプかＢタイプか，ＡＢどちらも使えるかを考えて，文章をさらに工夫しましょう。（→ペアごとに事例説明文の続きを書く。）

　ペアでの表現活動だったが，その共同性・対話性に加え，モデル作品を用いた比較評価活動により，更なる対話が生まれた。また，習得した観点を次の表現に活用する深い学びとなった。

7　評価について

　コンピテンシー・ベイスの授業は，自己評価と相互評価によって支えられる。第8時において，自分たちが書いた事例説明文が，「はじめ」「中」「おわり」の「中」の役割を十分に果たしているか，「サンドイッチ式」（双括型）説明文の「サンドイッチの具」（中身）としてふさわしいものかを観点として，自己評価する。「…あなのやくわりを考えてみましょう」（はじめ）と「このように，あなにはいろいろなやくわりがあります」（おわり）の間に置いて説得力のある事例になったかという見方で振り返り，自分たちの作品が論理的に筋道が立つかを判断した。

　また，第9時では，全員の事例説明文コピーを鑑賞して，印象に残った作品を評価する文章を書いた。そこでは，多種多様な相互評価の感想文が生まれ，中には1人で3，4作品について書いた子供もいた。感想文を事例説明文の作成者にプレゼントすることで，また新たな対話と学びが生まれる。文章表現は，評価されることによってさらに技術が磨かれ，意欲が高まっていくが，評価する側も作品の見方・考え方を深く学ぶことができるのである。

　「あなのやくわり」という子供にとって興味深い教材に恵まれ，事例を説明する文章の在り方を，主体的・対話的に深く学ぶことができた。「評価する力」を，育成すべき資質・能力の中心に置くことで，「思考力・判断力・表現力等」が育成されたと言えるだろう。同時に，他者の表現を尊重し，他者から学ぶという「学びに向かう力・人間性等」の土台ができたと感じている。

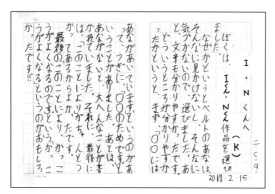

Ｉ君・Ｎ君の事例説明文を評価するＫ君の評価文

（安達真理子）

3 御前崎市の6年生へ贈る アートブックを作ろう！
―筆者のものの見方をとらえ，自分の見方を広げよう―

1　単元の概要

　本単元では「御前崎市の6年生へ贈るアートブックを作ろう！」を，単元を貫く言語活動として設定し，『鳥獣戯画』を読む」（読む）と「この絵，私はこう見る」（書く）を一つの単元として学習活動を設定する。

　「『鳥獣戯画』を読む」は，筆者がアニメーション監督ならではの見方で『鳥獣戯画』の絵と絵巻物について批評している説明的な文章である。筆者自身が感じた『鳥獣戯画』のすばらしさを，解説を交えながら述べている。子供らは，会ったことのない筆者が「何を」「どう見て」「何に感動したか」文章の関係を正しく読むことを通して，自分とは違った見方を持つことに興味を持ち，子供自らの視野を広げていくことが予想される。また本文は，筆者の感動を伝えるための書き方に，工夫がされている。絵と文章を照らし合わせながら読者に読ませる構成の工夫や表現技法の工夫を知ることで，書き手の意図を効果的に伝える文章の書き方を学ぶ。

　「この絵，私はこう見る」は絵を見て読み取ったことや感じたことを文章に表す，書く教材である。前教材で学んだ，意図を効果的に伝える文章構成や表現方法を，自らの紹介文に生かすことによって，子供たちの主体的な学びや意欲が，より高まることを期待する。

2　本単元で育成を目指す資質・能力

〔知識及び技能〕
・筆者の考えの根拠や要旨を，的確に読む。
・自分の意図を効果的に書き記す。

〔思考力，判断力，表現力等〕
・筆者の意図や，伝えるための表現の工夫を読み，自らの表現に生かす。

〔学びに向かう力，人間性等〕
・教材文，友達，自分との対話を通して，違う視点の存在に気付き，新たな見方をする。

3　授業のねらい

　筆者の考えや要旨を的確に読み，筆者・自分・友達の考えを比較することによって，子供自身のものの見方を広げることができる。

4 単元の流れと指導計画（全10時間）

次	時	主な学習活動　○学習課題　□学習問題	評価
1	1	○単元のテーマを知ろう。 □ものの見方を広げるとはどういうこと？ ○絵のよさを伝える文は何を書けばよいかな？	・教科書のリード文から単元で学ぶことを知り，学びの方向性をつかむ。
	2	○学習計画を立てよう。 □魅力を伝える文を書くために，何を学べばよいのだろう？	・これから学習する内容がわかり，見通しを持つことができる。教材文を読む必要性に気付く。
2	3	○高畑さんの文章から書き方を知ろう。 □文章構成に工夫はあるのだろうか？	・文章構成や文末表現に着目し，何が書かれているか読むことができる。
	4	なぜ，筆者は 『鳥獣戯画』＝「人類の宝」としたのか？ ○高畑さんは『絵』の「何を」「どう見て」「人類の宝」と考えたのだろう。	・事実と意見を読み分け，筆者の言葉を確実に抜き出すことができる。 ・筆者が『鳥獣戯画』の細部に着目し批評していることを読むことができる。
	5	○『絵巻物』の「何を」「どう見て」，「人類の宝」と考えたのだろう。	
	6 （本時）	『鳥獣戯画』＝「人類の宝」 筆者の要旨に納得か？ ○「『鳥獣戯画』を読む」とした，高畑さんの意図を考えよう。	・筆者が『鳥獣戯画』を「人類の宝」とした意図を自分の言葉で書くことができる。
3	7	○「〜を読む」という題名で，絵の魅力を伝える文を書こう。 □絵から「何が」「どのように」見えるか？	・筆者の見方を参考に，今までに見えなかった視点で絵を見て批評する言葉を探すことができる。
	8 9	○自分の見方がはっきりと読み手に伝わる文章を書こう。	・筆者の書き方を参考に，批評文の書き方がわかる。
	10	○完成した紹介文を読み合おう。 □友達の見方と自分の見方に，違いはあるのか？	・友達と読み比べることで，共通点や相違点を明らかにし，自分の見方を広げることができる。

（縦書き）御前崎市の六年生へ贈るアートブックを作ろう

5 本時の学習指導案（第6時／全10時間）

時間	子供の学習活動	教師の指導・支援
2分	1 前時の復習をする。	・子供たちがつくった学習計画と，前時に話し合った「絵」「絵巻物」のよさを掲示しておく。 ・前時までに読んだ「絵」「絵巻物」のよさと，それを論ずることを通して，筆者が伝えたかった要旨を押さえる。
	課題 『鳥獣戯画』＝「人類の宝」 筆者の要旨に納得か？	
3分	2 筆者の考えに対して，自分が現在どう考えるか，立場をはっきりさせる。（全体）	・「その通り！ 納得できる」「そうかな？ 納得できない」のどちらかにネームプレートを貼り，自分の現在の考えや立場を明らかにする。
5分	3 理由を自分の言葉で書く。（個人）	・なぜ「納得できる」なのか，「納得できない」なのか，筆者の考えに対して，自分の意見を書く。書くことに時間のかかる子供は事前に支援し，書くことを考えさせておく。
25分	4 全体で考えを伝え合う。（全体）	・子供同士で考えを出し合わせる。 ・始めに立場を述べ，その後理由を伝えるよう指導する。本文と関連させたり，友達の発言とつなげて理由を述べる態度を価値付ける。 ・意見が同じ友達の近くへ席を移動し，共に考え合うことも可能とする。 ・「その通り！ 納得できる」「そうかな？ 納得できない」の上下段に黒板を区切り，子供の意見を整理する。
10分	5 話し合って考えたことを自分の言葉で書く。（個人）	・話し合った筆者の意図を，自分の言葉でまとめさせる。
	6 次時の予告をする。	・次時の予告をし，次時に期待を持たせる。

6 本時の授業展開例

子供Ａ：本当かなあ？　私は，「人類の宝」とは，思えない。
　　第２時で教材文を読んだ後，Ａがつぶやきました。
子供Ａ：要旨はわかる。でも「人類の宝」というのは，大げさすぎだと思うんだけど
　　　　：

　その発言から小さな論争が起こった。そこで，筆者が「『何を』『どう見て』，『人類の宝』と考えたか」知るために第４・５時に教材文をくわしく読もう，そして第６時には「『鳥獣戯画』＝『人類の宝』　筆者の要旨に納得か？」自分の考えを出し合おう，という学習活動と目的が決まった。筆者の見方を知り，自分の見方と比べて広げていく学習を，子供たちが設定したのである。これは，授業のねらいにせまる活動計画となった。

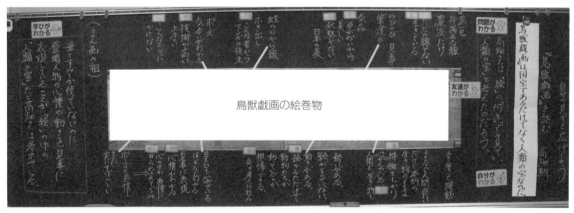

鳥獣戯画の絵巻物

　前時（第５時）までに，筆者が「『何を』『どう見て』，『人類の宝』と考えたか」を「絵」「絵巻物」それぞれに着目して読んだ。絵は，「筆と墨しか使っていないのに，登場人物の心情や動きを見事に表現していること」，絵巻物は，「一枚の紙なのに，右から左へ時間の流れと動きを生き生きと表現していること」を，筆者が「人類の宝」とした根拠としてまとめた。
　本時は前時までのことを全体で振り返り，課題１に入った。

> 課題　『鳥獣戯画』＝「人類の宝」　筆者の要旨に納得か？

　最初に，今までの読みから自分がどの立場にいるか，ネームプレートで貼り出した。
　「納得できる」子供は14名。「納得できない」子供は19名。学級をほぼ二分する状況であった。
　子供たちはすぐに話し合いに入りたい様子だったが，なぜその立場を選んだか，自分の言葉で理由を書く時間を確保した。

全体の話し合いでは，立場を述べた後，理由を話すよう指導した。教師は子供の発言を聞き，立場を分けて考えを板書整理していった。

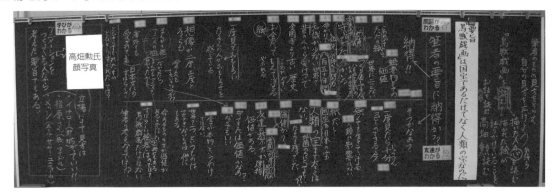

　「納得できる」立場は，本文の言葉を引用しやすく，説得力ある理論を展開する子供が多く現れた。反対に「納得できない」立場は，自らの知識や経験から根拠を発言し，様々な視点の考えが出された。話し合っていくうちに「納得できる」子供が増えていった。

子供Ｂ：『鳥獣戯画』がなかったら，今のアニメや漫画もなかったかもしれないでしょ？

子供Ｃ：だから「漫画の祖」「アニメの祖」って書かれてたじゃん。

子供Ｄ：でも，これって筆者の考えじゃないの？　漫画の祖が絶対に『鳥獣戯画』って証拠はどこにもない。社会の教科書に書いてはなかった。

子供Ｅ：高畑さんが，アニメを作ってる人だから，そう思ったんじゃないかな？

子供Ｆ：どういうこと？

子供Ｅ：だから，高畑さんはアニメを作る仕事をしているプロだから，絵とか絵巻物についてよく知っていたし，「人類の宝」だ，ってすごさを感じたんじゃないかな。

子供Ｇ：イチローだったら，野球のバットの工夫とかを「人類の宝だ！」と思うってこと？

子供Ｈ：立場が違うと，すごいと思うことも違うじゃん。

教　師：立場によって見方が違うし，違ってよいということですね。

全　員：ああ～！（納得）

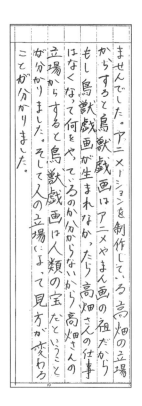

ませんでした。アニメーションを制作している高畑の立場からすろと鳥獣戯画はアニメやまん画の祖だからもし鳥獣戯画が生まれなかったら高畑さんの仕事はなくなって何をや、て、いるのか分からないから高畑さんの立場からすると鳥獣戯画は人類の宝だということが分かりました。そして人の立場によって見方が変わろことが分かりました。

　「納得できる」「納得できない」だけを判断するのではなく，本文を根拠に理由を述べたり自分の考えを言葉に表したりすることで，深い読みをすることができた。人にはそれぞれの立場

があり，それぞれの立場の見方がある，ということに子供たちで気付くことができた。様々な見方がある，というとらえは，第3次のアートブックを書く場面につながり，生かされた。

7　評価について

　毎時間，授業を振り返り，学んだことや感想・疑問等をノートに書かせた。毎時間書き，教師が丁寧に見取ることで，子供の考えの変遷やこだわりが明らかになる。評価の観点になる学習問題（その時間に「つけたい力」）を子供に対して明確にすることや，本時のキーワードを早い段階で提示することが重要である。本時で何を学ぶか，どんな力をつけるかを子供が理解して授業に向かうことで，安心して学びを進め，力をつけることができた。

　また，書かせるために，子供たち同士で話し合い，考え合う時間を十分に確保した。本時では，自らの経験から考えをつくることが得意な子供は，本文を根拠に考えをつくることで論理的な説明ができる子供の見方を知り，本文を根拠に自分の考えを持つことが得意な子供は，経験から多様な考えを展開する子供の見方を知ることができた。話し合うことを通して，互いを認め合い，子供自身のものの見方を広げるねらいにせまることができた。

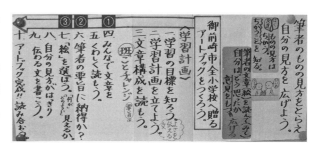

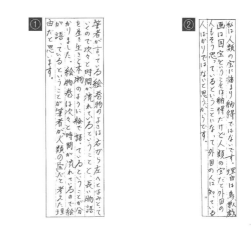

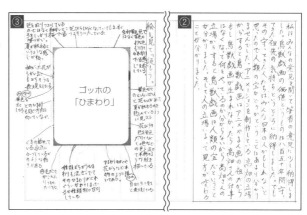

（伊藤　友美）

4 起こり得る場合の数を, 整理して考えよう！

1　単元の概要

　本単元は小学校学習指導要領（平成20年）における「第6学年　D　数量関係　(5)　具体的な事柄について，起こり得る場合を順序よく整理して調べることができるようにする」を受けて設定した。この単元を構成する上で重視したいポイントは，<u>落ちや重なりがないように起こり得る場合を分類・整理するプロセス</u>である。

　各社教科書では単元の大導入において，いわゆる「順列」の場面を取り上げ，そこで起こり得る場面を整理して調べることが多く取り上げられている。たとえば，以下のような場面である。

　○○さん，△△さん，□□さん，◇◇さんの4人でリレーのチームをつくります。4人で走る順番の決め方にはどんなものがあるか調べましょう。全部で何通りあるでしょうか。

　このような問題場面を通じて，この単元で育成が期待される知識・技能には，以下のようなものが挙げられる。たとえば「場面を表に表すこと」や「場面を樹形図に表すこと」である。また中学校段階であれば「何通りあるか計算すること」も含まれるだろう。（この問題場面であれば「4×3×2×1＝24，24通り」と計算できる。）

　ただ「表に表すこと」や「樹形図に表すこと」のみをターゲットにした授業展開では，それらの知識・技能が汎用的に活用可能になる保証がない点が問題である。ひょっとすると以下のように構造は全く同じ問題でも，場面の表象が異なるために問題解決できない子供もいるかもしれない。

　ジェットコースター，観覧車，ゴーカート，メリーゴーランドに1回ずつ乗ります。乗る順序にはどんなものがあるか調べましょう。全部で何通りあるでしょうか。

　ましてや4人・4種類の並べ方ではなく，他の人数や種類の場面（5人・5種類，6人・6種類…等）の場面ではどうだろうか。さらには「順列」の場面ではなく，「組み合わせ」の場面でも，同じように表や樹形図に問題場面を表すことができるだろうか。この単元での知識・

技能が，どの子にも汎用的に活用できる水準で獲得されるためには，より高次の本質的な水準に目を向けた授業構成が行われるべきである。

　そこで，本単元の計画を立てるにあたって重視しなければならないのが，先に述べた<u>分類・整理するプロセス</u>である。起こり得る場合を無作為に（思いついた順に）列挙していこうとすると，往々にして「落ち」や「重なり」が生じてしまいがちである。無作為に列挙する場合，全ての起こり得る場合を表現しつくしたかどうかを保証する根拠がなく，また既に考えた起こり得る場合を再び列挙してしまうこともあるだろう。そこで，何らかの数学的なアイディアを元にして，分類・整理を適切に行う必要がある。本単元において，分類・整理の元になる最も重要な数学的なアイディアは「観点を定めて，論理的に考える」という点にある。

　「表」や「樹形図」に問題場面を表すということは，この適切な分類・整理のプロセスを経た結果として生じる知識・技能である。そのため，分類・整理するプロセスで用いられた数学的なアイディア（観点を定めること）に自覚的であるか否かによって，この知識・技能の活用の範囲の広がりが規定されていくだろう。したがって単元の構成も，授業の展開も結果としての「表」や「樹形図」といった知識・技能の面のみにフォーカスするべきではない。むしろ，分類・整理するプロセスとそこに現れる数学的なアイディアに着目することが，本単元をコンピテンシー・ベイスで組み上げるための必要条件の一つであると考えたい。

2　本単元で育成を目指す資質・能力

〔知識及び技能〕
・順列や組み合わせの場面の意味を理解する。
・順列や組み合わせに関わる事象を，図や表を使って，落ちや重なりがないように表現する。

〔思考力，判断力，表現力等〕
・順列や組み合わせに関わる事象を，観点を決めて論理的にまとめる。

〔学びに向かう力，人間性等〕
・順列や組み合わせに関わる事象を，より簡潔に，明瞭に表現しようとする。
・順列や組み合わせに関わる事象について，発展的に問いを考えようとする。

3　授業のねらい

　落ちや重なりがないように起こり得る場合の数を調べるためには，<u>観点を定めて考えること</u>のよさに気付くことができるようにする。

4　単元の流れと指導計画（全6時間）

時	単元名
1・2	起こり得る場合の数

3	並べ方（階乗・順列）
4・5	組み合わせ方（組み合わせ）
6	場合の数の活用とまとめ

5　本時の学習指導案（第1時／全6時間）

時間	子供の学習活動	教師の指導・支援
10分	1　本時の問題場面を理解する。 	・左図のような実際の硬貨を提示する。ただし，枚数は明らかにしない。 ・実際の支払い方法を，何通りか子供と考え，問題解決の見通しを持つ。
	課題1　525円を支払う時，ぴったりの支払い方には，どんな場合があるか調べよう。	
5分	2　一人ひとりが調べ，考える。	・【一人ひとりが調べ，考える】様子を把握し，【それぞれの考えを発表する】場面での指名の順番を構想する。 ・【一人ひとりが調べ，考える】過程で，困っている点や，不安な点を把握する。
5分	3　本時の問いを共有し，個人の解決を深める。 C：同じ支払い方を繰り返したり，書き忘れたりしないか，不安です。	・【一人ひとりが調べ，考える】過程で，困っている点や，不安な点を共有して，本時の本質に迫る問いを立てる。 ・525円の支払い方を求めるだけでなく，本時の問いに応えられるような，アイディアを求める。
	課題2　落ちや重なりがないようにするには，どうすればいいか，説明しよう。	
20分	4　それぞれの考えとアイディアを発表する。 C：たとえば『十円玉』と書かずに，⑩と書くと簡単にできる。 C：枚数で整理すると便利。 C：表にして整理するといい。 C：図にすると，整理しやすい。	・より簡潔に表現できるものへと，子供の思考をつなげるように指名していく。 無作為に書き並べたもの →観点を決めて，書き並べたもの →観点を決めて，表にまとめたもの →観点を決めて，樹形図にまとめたもの ・「どのように調べたか」だけでなく，「問い」に応えられるようなアイディアが明確になるように，適宜問い返す。
5分	5　本時の学習を振り返る。 C：きちんと調べるには，一つ何かの場合を決めて，残りを順序よく考えるようにすると落ちや重なりがでない。 C：きちんと調べる，表や図にまとめると便利。	・学習を振り返り，本時の問いに対するアイディアが何だったのかを整理し，まとめる。

6 本時の授業展開例

　子供たちが本時の問題場面を理解する時には，可能な限り現実世界の場面に近づけるようにしたいと考えた。現実世界の場面に近づけることは，子供たちの学習意欲を喚起するだけでなく，数理的な解決をするための大切なアイディアを引き出すことにもつながると考えるからである。

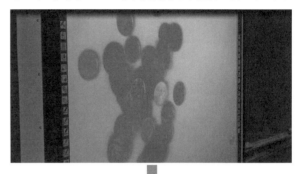

　本時の導入では，「財布の中に小銭がたくさんある」という状況（＝現実世界の場面）をそのまま，実物投影機を使って提示した。すると子供たちから即座に，「何円玉が何枚あるのかわからないから，きれいに並べたい！」という反応を引き出すことができた。実際の授業では，右図のように子供たちが硬貨を整理する活動につながっていった。

　現実世界の問題場面を数理的に解決するために，まずは問題場面を整理して明瞭にとらえたいという姿勢は，算数科で育てたい資質・能力として考える。

　導入で「一円玉が○枚，十円玉が●枚…あります」と数値を提示する方が，授業の流れとしては簡潔でスムーズである。けれども，あえて現実世界の場面に近づけて提示することで，導入場面でも数学的に考えるための姿勢を引き出すことが大切である。

　本時の問題は，次のように設定した。

> 課題1　525円を支払う時，ぴったりの支払い方には，どんな場合があるか調べよう。

　この問題のポイントは，問いを「何通りあるか調べよう」ではなく「どんな場合があるか調べよう」としたところにある。「何通りあるか調べよう」という問いの場合，応じる答えは「12通り」である。一方，「どんな場合があるか調べよう」という問いの場合には，応じる答えは「ぴったりの支払い方」が，どれだけあるかの表現そのものになる。算数科の授業では，簡潔な「答え」を問うケースが多くなりがちだが，本時の数学的なアイディアは「答え」ではなく，それを導く「分類・整理するプロセス」の中に表れると考えられるため，問題の問いも可能な限りプロセスに子供たちが着目できるようにすることが望ましいだろう。

一人ひとりが調べ考える（自力解決）段階の途中で，「困っている点・不安な点」を共有する時間を確保した。数理的な問題解決を困難にしている点を明確にすることは，その後の分類・整理するプロセスでの数学的なアイディアを明確にすることにつながると考えられる。

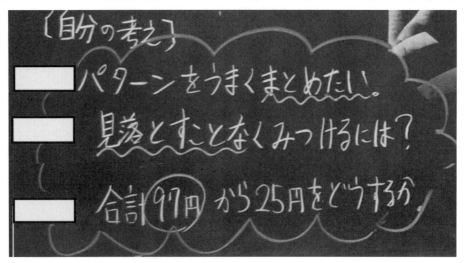

　上の板書の図にあるように「パターンをうまくまとめたい」「見落とすことなく見つけるには？（どうすればよいか）」といった，問題意識を共有することができた。この問題意識をもとにして，下記のような課題に発展させた。

課題2　落ちや重なりがないようにするには，どうすればいいだろう。

　前出の問題（525円を支払う時，ぴったりの支払い方には，どんな場合があるか調べよう。）を解決するために必要な，数学的なアイディアを表出させるための課題である。これは従来「めあて」と呼ばれることの多いものであるが，知識・技能とは異なる水準に設定するべきであり，可能であれば本時のように子供の問題意識から構成することが望ましいだろう。

　それぞれのアイディアを発表する段階でも，まずはまだ解決の途中にある子供から発表できるように促した。

子供Ａ：まだ途中までしかわかっていないんですけど，五百円玉以外は97円しかないから，五百円玉は絶対に使うことになって（中略）十円玉は3枚だと25円を超えてしまうから，2枚以下しか使わないことはわかったんですけど，その後の組み合わせがたくさんあって大変なので迷っています。

教　師：Ａくんのアイディアは，どんなところでしたか？

子供Ｂ：五百円玉は絶対に使うから，25円の支払い方を考えればいいということ。

教　師：五百円玉は使うことが決まっているのですね（板書）。他には？

子供Ｃ：あと，十円玉は２枚以下しか使わないということもいいアイディアじゃない？

教　師：いいですね。こういうＡくんのアイディアを生かして，落ちや重なりがないように全部を調べるには，どうすればいいですか？

子供Ｄ：十円玉が２枚以下だとわかっているんだから，<u>十円玉が２枚の時と，１枚の時と，０枚の時で分けて考えればいい</u>と思う。（図）

教　師：Ｄくんが「分けて考えた」のは十円玉だけですか？

子供Ｅ：たとえば十円玉０枚の場合は，今度は五円玉が５枚，４枚，３枚，２枚，１枚，０枚の場合に分けて考えているし（中略）一円玉の枚数も分けていると思う。

十円玉２枚の場合

（⑩⑩　⑤）

（⑩⑩　①①①①①）

十円玉１枚の場合

（⑩　⑤⑤⑤）

（⑩　⑤⑤　①①①①①）

（⑩　⑤　①①①①①　①①①①①）

（⑩　①①①①①　①①①①①　①①①①①）

十円玉０枚の場合

（⑤⑤⑤⑤⑤）

（⑤⑤⑤⑤　①①①①①）

（⑤⑤⑤　①①①①①　①①①①①）

（⑤⑤　①①①①①　①①①①①　①①①①①）

（⑤　①①①①①　①①①①①　①①①①①　①①①①①）

（①①①①①　①①①①①　①①①①①　①①①①①　①①①①①）

　Ａ児は「観点を定めて考える」という本時で最も大切にしたいアイディアを，萌芽的な状態で発言している。これは「五百円玉は絶対に使う」「十円玉は２枚以下」という点に表れている。こういった場面で，Ａ児を「答えにたどり着けなかった子」として扱うのではなく，その発言の中に含まれるアイディアを教師と他の子供たちで共有していこうとする姿勢を大切にしたい。

　なお第１時では，表や樹形図の発表には至らなかった。ここまでに表出した「観点を定める」アイディアを共有して，次時により簡潔かつ明瞭な表現を追究することを確認した。

7　評価について

　授業の展開の中で，「観点を定める」アイディアにつながる発言を把握するとともに，授業のまとめにおいて「学習感想」の記述を求める。授業の冒頭の問題を解決するために，特に有効だったアイディアは何かを中心に振り返るように声をかけている。

（小野健太郎）

5 かたちあそびで図形や数量関係の感覚を豊かにしよう！

1　単元の概要

　本単元は，立体図形や平面図形について理解の基礎となる経験や感覚を豊かにすることをねらいとしている。そこでまず，図画工作科との関連を図り，子供にとって身近な空き箱や空き缶でものづくりを行う活動を十分に行うことで，子供が自ら立体図形の特徴や機能に目を向けられるようにした。次に，算数科で活動後の空き箱や空き缶を分類しながら後片付けを行ったり，それらに名前を付けて観察する活動を取り入れたりし，基本的な図形をイメージする力を育て，体験を通した理解を大切にした。そして，立体図形を写し取る活動を通して平面図形に焦点をあて，立体図形から平面図形に対する見方を広げるとともに，色板での形づくりを十分に行うことで，形の合成・分解についての直観力や感覚を豊かにしていくこともねらった。単元の最後には，学習を活用・発展させる学習活動を取り入れ，他領域との関連を図りながら，図形や面積，数についての見方・考え方を伸ばしていきたいと本単元を構成した。

2　本単元で育成を目指す資質・能力

〔知識及び技能〕

・直角二等辺三角形で基本図形をつくる。　・図形の特徴や概形，機能をとらえ分類できる。

・広さの比べ方や概念を知る。　・面積の保存性や等積変形の素地をつくる。

〔思考力，判断力，表現力等〕

・互いの考えの共通点や相違点に気付き，考えを整理する。　・形の構成・分解を考える。

・多様な考えから見方・考え方を広げ，深める。　・数の規則性を見いだし一般化する。

〔学びに向かう力，人間性等〕

・間違いやつまずきに寄り添って考えを補いながら学習をつくり上げる。

・相手の考えを受けとめ，よさやよりよいものを見いだし自分の学びを広げる。

・既有経験の中から新しい学びを獲得していく。

3　授業のねらい

　直角二等辺三角形の色板を組み合わせて正方形をつくることを通して，図形や面積，数についての見方・考え方を広げることができる。

4 単元の流れと指導計画（全15時間：算数科9時間＋図画工作科6時間）

時	主な学習活動	評 価　知・技…知識・技能　思・判・表…思考・判断・表現　態度…主体的に学習に向かう態度
1〜4	箱の形から思いついた動物や建物をつくる。〈図画工作科〉	
5	集めた立体図形について，なかま分けの理由を話し合う。	面の形に着目してなかま分けをしている。（態度） 形の特徴や機能を言葉や具体物を用いて表現している。 （思・判・表）
6	分けたなかまの特徴をもとに，立体図形を判別する。	概形や機能・特徴から分類することができる。（知・技）
7・8	好きな形の面をうつして絵をかき楽しむ。〈図画工作科〉	
9	かいた絵に使った立体図形を判別し，形の違いについて話し合う。	立体図形の面の形に着目して，丸，三角，四角などを見いだしている。（思・判・表） 面の形からうつしとるために使った立体図形を見つけることができる。（知・技）
10	直角二等辺三角形の色板で，自由に形をつくる。	色板を使っていろいろな形をつくろうとしている。（態度） いろいろなものの形をつくることができる。（知・技）
11	前時でそれぞれがつくった形をシルエットクイズにし，シルエットクイズを解き合う。	いろいろな形を構成・分解することができる。（思・判・表） いろいろなものの形をつくることができる。（知・技）
12	同じ枚数の色板でつくった六つの形で「かたちしりとり」をする。	いろいろな形を構成・分解することができる。（思・判・表）
13 （本時）	直角二等辺三角形の色板で正方形をつくり，きまりを見いだす。	図形や面積，数についての見方・考え方を広げることができる。 （思・判・表） 直角二等辺三角形でいろいろな大きさの正方形をつくることができる。（知・技）
14	直角二等辺三角形の色板で直角二等辺三角形をつくり，きまりを見いだす。	図形や面積，数についての見方・考え方を広げることができる。 （思・判・表） 直角二等辺三角形でいろいろな大きさの直角二等辺三角形をつくることができる。（知・技）
15	数え棒でいろいろな形をつくる。	数え棒を使って，いろいろな形をつくることができる。（知・技） 直線で構成された形と面で表された形が同じように見られることを理解している。（知・技）

5 本時の学習指導案（第13時／全15時間）

時間	子供の学習活動	○教師の指導・支援　◆評価
5分	1　学習課題を把握する。	○本時の学習内容に関連する子供の気付きから学習をスタートさせることで，意欲を高めるとともに，子供に問いを持たせ，めあてにつなげられるようにする。
	課題　しかくをつくってひみつを見つけよう。	
	まえにもやったことがあるぞ！　おもしろそう！　いっぱいつくるぞ！	○めあては，子供の言葉をつないで立てることにより，学習課題をしっかりと把握させ，学習の見通しが持てるようにする。
7分	2　課題解決をする。　2まいくみあわせたらできた。　4まいでできたよ！　大きなしかくもできた！	○できるだけ友達と違う正方形づくりに取り組ませることにより，全体としてたくさんの正方形が表出されるようにする。 ◆直角二等辺三角形でいろいろな大きさの正方形をつくることができたか。（観察・発表）
25分	3　問いを整理しながら共有し，気付きをもとに話し合う。　しかくの中にしかくがあるよ！　しかくは2，4，8まいでつくれるよ！　大きさがちがうしかくがあるよ！	○一人ひとりの問いを可視化し，考えを整理していくことで，思考力・判断力が養えるようにする。 ○話し合いを焦点化しながら，きまりの一般化が図られるようにする。
5分	4　学習のまとめをする。 ・さんかくで大きさのちがうしかくがたくさんつくれる。 ・しかくは，さんかくが2，4，8，…まいでつくることができる。	○大切なことを押さえた構造的な板書を行うことにより，子供の学習の振り返りに生かせるようにする。 ○子供たちの主体的な学びを大切にし，子供一人ひとりのまとめを認め，生かしながら，全体のまとめを行っていく。 ◆図形や面積，数についての見方・考え方を広げることができたか。（観察・発表・日記）
3分	5　本時の学習を振り返り，算数日記を書く。　さんかくでさんかくをつくってもきまりがあるのかな？　もっとほかのしかくをつくってみたいな！	○算数日記を書くことにより，わかったことや気が付いたことを自分の言葉で表現できるようにさせるとともに，本時の学習における自分の学びを自覚できるようにする。

6 本時の授業展開例

色板を並べて形をつくる活動の中で，子供たちがつぶやいていた言葉（「さんかくが大きいさんかくにもへんしんする」や「ながしかくが2とびのかず（枚数）でできる」）を吹き出しで提示し，直角二等辺三角形でできる三角形や長方形のひみつについて想起させた。そして，本時で取り扱う形（正方形）を提示し，子供たちから問いを引き出していった。

> **課題　しかくをつくってひみつを見つけよう。**

子供たちは，既習の経験をもとに全員がすぐに正方形をつくることができた。それぞれがつくった正方形を黒板に貼っていくと，いろいろな大きさの正方形があるという気付きをつぶやく子供がいたので，その気付きを全体に広げ，見やすくわかりやすくできないか投げかけ，全員のつくった正方形を子供たちに整理させていった。（写真参照）

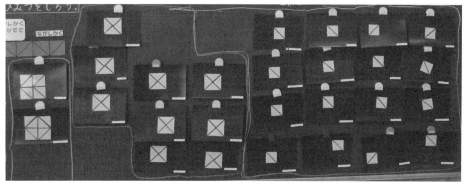

整理した後に，どんなまとめ方をしたのかについて問いかけると，子供たちからは，「さんかくのまいすうがおなじもの」という答えが返ってきた。そこで，枚数が同じ＝広さが同じことも確認し，他領域との関連を図ることも配慮していった。

そして，子供たちが，できた正方形に使った直角二等辺三角形の枚数に目を向けたことから，本時の課題であるひみつについて考えることに思考が流れるよう，全体で色板の枚数を確認していった。

「2，4，8」と声に出して枚数を確認していくと，子供から「つぎは16まいでできるんじゃない？」という新たな問いが生まれたため，子供の問いに寄り添い直角二等辺三角形を16枚配付し，実際につくって子供の問いを追究する活動を行った。

できるはずと思って取り組んだものの，16枚での正方形づくりがなかなかできなかったため，子供たちは夢中になって活動に取り組んでいた。試行錯誤が繰り返されたこの活動は，図形の

構成にしっかりと向き合うことにつながり，価値あるものとなった。しばらくすると，「できた！」という声がところどころからあがってきたことから，できた子に黒板でつくらせるとともに，周りの友達に教える時間を設け，16枚での正方形ができることを全員で確認した。

16枚でつくられた正方形とともに，2枚，4枚，8枚でつくられた正方形も並べて提示すると，子供たちは，

子供A：大きいしかくの中に小さいしかくがあるよ。

子供B：4まいでできたしかくが4こある。
　　　　4＋4＋4＋4だからたしかに16まいだね。

子供C：さんかくのくみあわせかたはちがっても，しかくになるよ。

子供D：しかくがだんだん大きくなっている。

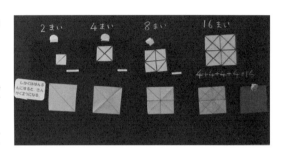

などと，さらに見方を広げ多様な気付きを言葉にしはじめた。

そして，「しかくが大きくなっている」という，子供Dの言葉を受け，

子供E：つぎは32まいでできるとおもう。

というまた新たな問いが表出した。

そこで，今度は，前時までの活動の中での子供の気付きから，「しかくは，はんぶんにするとさんかく二つになる」という言葉を吹き出しで提示し，折り紙を折って開いた時にできる直角二等辺三角形の数に着目させ，本時の活動を通してわかったことと関連付けながら，折り紙で正方形の中にある32この直角二等辺三角形を確認していった。

32このさんかくを折り紙で確認

子供たちの問いが続く中，最後に，めあてに立ち返り子供たちに本時の学習を通してわかったことについて問いかけ，学習のまとめを行った。子供たちは，

・しかくはさんかくでいっぱいになる。

・しかくはさんかくが2，4，8，16，32…まい（たすたすのかず）でできる。

・しかくの中にしかくがある。

・さんかくでどんどん大きなしかくがつくれる。

・しかくをつくるくみあわせはいろいろある。

という言葉で本時の学習をまとめた。

　また，算数日記からは，「しかくは，さんかくが2，4，8，16，32まいだけじゃなくて，18まいでもつくれることがわかった」といった本時の学習の中では出されなった気付きを持つ子がいたことも見取れた。

　直角二等辺三角形で正方形をつくるという，スタートは簡単な課題だったが，直角二等辺三角形の枚数に目を向けたり，できたいろいろな正方形を比較したり，操作活動を行ったりすることで，子供たちは，帰納的な考え方を用いて数のきまりを一般化したり，図形の美しさや構成に気付いたりすることができた。

　このように，子供の問いに寄り添い領域を超えた学びを展開することで，算数科の学習で大切にしたい見方・考え方がたくさん見える時間となった。

7　評価について

　本時の評価については，①「直角二等辺三角形でいろいろな大きさの正方形をつくることができる（数量や図形についての技能）」②「図形や面積，数についての見方・考え方を広げることができる（数学的な考え方）」の二つの観点について評価基準を設け，評価を行った。

　①については，それぞれの考えを提示させたことで見取った。②については，授業の中での子供の発言や様子を見取ったり，学習後に算数日記を書く活動を取り入れ，その内容から判断したりした。

　単元においては，一人ひとりの問いを位置付けた板書を毎時間記録として残したり，算数日記を書く活動を授業の終末に位置付けてわかったことを自分の言葉でまとめさせたりしたものをもとに，毎時間の評価を累積していった。

（渡部由美子）

NASA に続き SANWA 小も！
海氷面積予想に挑戦！

1　単元の概要

本単元は，新学習指導要領第6学年　内容　B　図形の以下を受けて設定したものである。

> (2)　身の回りにある形の概形やおよその面積などに関わる数学的活動を通して，次の事項を身に付けることができるよう指導する。
>
> ア　次のような知識及び技能を身に付けること。
>
> 　(ア)　身の回りにある形について，その概形を捉え，およその面積などを求めること。
>
> イ　次のような思考力，判断力，表現力等を身に付けること。
>
> 　(ア)　図形を構成する要素や性質に着目し，筋道を立てて面積などの求め方を考え，それを日常生活に生かすこと。

提案したいことは，二つある。一つ目は，学習内容を実際に使う文脈で学ばせることで深い学びを目指した点。二つ目は，伝説や予想を確かめるために，大学等と連携を図ったり，国際大会に挑戦させたりするなど子供にとって学びがいのある単元づくりを目指した点である。

2　本単元で育成を目指す資質・能力

〔知識及び技能〕

・身の回りにある形について，その概形をとらえ，およその面積や体積を求めることができる。

〔思考力，判断力，表現力等〕

・身の回りにある様々な図形の面積などを求めるために，その概形をとらえて，測定しやすい図形と見たり，測定しやすい図形に分けたりすることを考える。

〔学びに向かう力，人間性等〕

・身の回りにある形について，その概形をとらえて，およその面積を求めようとするとともに，生活に生かそうとする。

3　授業のねらい

複雑な図形（北極海の海氷の形）を，既習の図形に見立てて面積を求めることができるようにする。

4 単元の流れと指導計画（全3時間）

第1次「大男伝説は，本当にあり得るのか!?検証しよう！」

時	学習活動と主な子供の発言（C）	評価規準（評価方法）
1	複雑な図形を単純化して既習の図形に見立て，およその面積を求める。 【問題】大昔，大男が蹴ったところが琵琶湖になり，飛んでいった土が淡路島になったという伝説があります。これはあり得る話でしょうか。 C：琵琶湖と淡路島は形も大きさも似ているね。 C：三角形に見立てておよその面積を求めたら琵琶湖は約670km²，淡路島は約600km²だ。ほぼ同じだからあり得るかもしれない。 C：でも，体積で比べないと分からないよ。 【適応題】 ①5分間でできるだけ多くの47都道府県の形を習った図形に見立ててみよう。 ②皆が難しいといった青森県のおよその面積を求めよう。誰が一番近いかな？	〔主体的に学習に向かう態度〕 　淡路島と琵琶湖について，その概形をとらえて，およその面積を求め伝説を検証しようとしている。 （行動観察・ノート）
2	複雑な図形を単純化して既習の図形に見立て，およその体積を求める。 【問題】淡路島の体積は約96.3km³だそうです。体積で比べた場合でもこの伝説はあり得る話でしょうか。 C：体積で比べるには，琵琶湖の深さが知りたい。 C：琵琶湖の断面図をもとにすると約40mの深さだね。 ※国立国会図書館によると平均水深は−41.2mである。ここでは正確性よりも妥当性を重視し，子供が右に示した断面図から読み取った数値を使用した。 C：淡路島の体積が大きいから，この伝説はあり得ない！ 【適応題】 ①お風呂の容積やロールケーキの体積を求めてみよう。 ②身の回りの入れ物のおよその体積を調べよう。	〔知識・技能〕 　身の回りにある図形について，その概形をとらえ，およその体積を求めることができる。（ノート）

第2次「東京大学，NASAに続きSANWA小も！北極海の海氷面積の予想に挑戦！」

時	学習活動と主な子供の発言	評価規準（評価方法）
3 （本時）	北極海の海氷の形を既習の図形に見立てて，およその面積を求め，9月の海氷面積を予想する。 【問題】2016年の9月の北極の氷の面積はどれくらいになるでしょう。2006年から2年ごとの衛星写真をもとに，考えてみましょう。	〔思考・判断・表現〕 　海氷面積を求めるために，その概形をとらえて，測定しやすい図形と見たり，測定しやすい図形に分けたりすることができている。 （プリント）

5 本時の学習指導案（第3時／全3時間）

時間	子供の学習活動	教師の指導・支援
3分	1 海氷面積を求める意味を確認する。 C：北極海の生物が棲めなくなるんだったね。温暖化がさらに急速に進むなどの問題もあったね。	・北極の海氷が溶けることで起こる問題を想起させる。1980年当時の海氷の衛星写真を提示する。 ・面積の大きさをとらえさせるために日本のおよその面積（40万km²）のいくつ分かを示す。
2分	2 本時の問題を知る。	
	問題　2016年の9月の北極の氷の面積はどれくらいになるでしょう。 　　　　2006年から2年ごとの衛星写真をもとに，考えてみましょう。	
12分	3 2006年から2014年の海氷面積の分担をし，自力で面積を求める。 C：2006年…台形に見立てる （上底＋下底）×高さ÷2 （12×200＋15×200）×10×200÷2＝540万　　　　約540万km² 　　　　　　　　　　　　　　など	・2006，2008，2010，2012，2014年の最小面積の時の画像を提示し，班ごとに分担させる。 ・計算の際は，必要に応じて電卓を使用させる。 ・様々な図形の面積を求める公式を掲示しておく。 ・見立てに失敗してもやり直しが効くよう海氷の衛星写真を多めに印刷しておく。 ・見立てや計算のつまずきを見取り個別指導する。
13分	4 班で話し合い，最も見立て方として適切な考えを選択する。 C：三角形に見立てたけど，はみ出した部分が多かったな。台形に見立てたらはみ出す部分が少なくていいね。 C：だったら台形の面積の求め方を班の考えにしよう。	・自力解決時に全員が海氷を何らかの図形に見立てられるまでしておく。 ・各班にホワイトボードを配付し，一番適切と考えた「見立て方」「式」「面積」を書かせ，黒板に掲示させる。 ・各班が求めた海氷面積を折れ線グラフに整理する。
3分	5 求めた面積をもとに，2016年9月の海氷面積の予想をする。	・面積の経年変化から，2016年の面積を予想させた後，答え合わせをするために，2016年9月の衛星写真を提示し，およその面積を求めさせる。2016年の海氷は他と比べ複雑な形をしている。これを評価問題とする。詳細は「7　評価について」を参照。
7分	6 2016年9月の衛星写真を配付しおよその面積を求める。 C：三角形二つ分と見ることができる。 C：大きな三角形から氷の無い部分を引いて考えてみよう。	・2016年9月の最小面積（約406万km²）を告げる。 ・図形を複数に分けて考えるなど見立て方の多様な発想を評価する。
5分	7 本時の学習を振り返る。	

6 本時の授業展開例

最初に，総合で学習した北極海の海氷が溶けることで起きる問題について確認した。教室にも写真に示した模造紙を貼っておき，確認の支援とした。これらのことが，子供が学ぶ意味（海氷面積を求める意味）を実感するための手立てとなったと考える。

> ★北極の氷がなくなっちゃうと……
> ・氷（白色）が跳ね返していた光と熱を，海（黒色に近い）が吸収することで温暖化が進む！
> ・北極にすむホッキョクグマたちが生きていけない世界に！
> ・海水に氷が溶けることで，濃度の違う二つの水に分離。微生物が生きていけず，他の生き物にも影響が！

> 問題
> 　NASA や東京大学も挑戦している北極海の氷の面積を予測する国際大会があります。みんなも挑戦してみましょう。1980年代の北極の氷の最小面積が約723万㎢でした。2016年の９月の北極の氷の面積はどれくらいになるでしょう。

１班2006年	２班2008年	３班2010年	４班2012年	５班2014年
				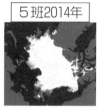

※子供には示さないが，それぞれの正確な面積は以下の通りである。
2006年…566万㎢，2008年…452万㎢，2010年…468万㎢
2012年…318万㎢，2014年…489万㎢

　子供たちは，NASA や東京大学に並んで予想することに挑戦するということに意欲を持った。1980年代の記録のみでは予想できないという子供の発言をもとに，上に示した２年ごとの北極海海氷の衛星写真を提示した。（縮尺は１cmが200kmになるようにして提示）
　SIPN（https://www.arcus.org/sipn）で，国際的に北極海海氷面積の予想を募っている。なお，海氷の１日ごとの画像は以下のサイトで公開されている。
ADS（https://ads.nipr.ac.jp/vishop.ver1/ja/vishop-monitor.html?N）

　子供たちは，衛星写真から海氷面積を求めて，その経年変化を調べれば，2016年の海氷面積の予想が可能だと考えた。そこで，５種類の海氷の写真を班ごとに配り，課題を分担させ責任

を意識させた。その後，図形のおよその面積を自力で求める時間を取った。

　自力解決終了後，班の中で「一番適切な見立てを一つ決める」ために話し合わせた。その時のある班の話し合いの様子を紹介する。子供Aは海氷を台形と見て面積を求めたが，他の子供と出した答えがずれていて悩んでいた。

子供A：約229万㎢小さすぎる。どうしよう。

子供B：何で足すになるん。あれ？　え？　なんで？　これかけるじゃないん？　底辺×高さ÷2。

子供C：これ台形なん？　台形だったら，（上底＋下底）×高さ÷2だから合っとるんじゃないん？　これ高さに縮尺の200倍をかけてないんじゃない？

子供A：あ，ほんまや。

子供B：私は三角形に見立てたよ。面積は約400万㎢になった。どれにする？

子供C：この氷，ぱっと見たら三角形っぽいけど，台形に見立てるのが一番近いんじゃない？

子供B：確かに，三角形に見立てると，実際の形より三角形が大きくなってしまっていたけん，台形がいいかも。

　以上のような話し合いが続いた。グループ内で見立て方のよさや妥当性について話し合うことができた。

　その後，写真のように，各班の記録を折れ線グラフにまとめ推移を見えやすくした上で2016年の海氷面積の予測をさせ，実際の数値を示した。

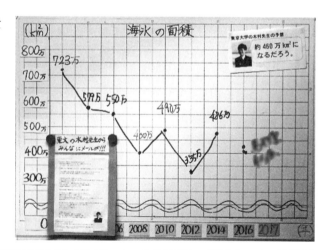

　数日後，授業内容について木村特任研究員からいただいたメールを子供へ紹介し，この単元を終えた。

木村特任研究員からの子供宛てのメール（抜粋）

　皆さんこんにちは，東京大学の木村です。おもに海の氷，海氷の研究をしています。

　先生から，皆さんが北極の海氷の面積を計算し，予想までしているという話を聞きました。2017年の予想結果は先生が国際機関に送ってくださるそうです。そうすると，三和小の名前がヨーロッパやアメリカやアジアの研究機関と並びます。これはとてもすごいことです。（中略）

　皆さんは毎日たくさんのものを見ています。（中略）見ていると不思議に思ったり，知りたいと思ったりすることもあるでしょう。疑問に思った時，先生に聞いたり，本やインターネットで調べたりすると答えが分かるものもあります。でも，まだ誰も知らないこともあるのです。

　勉強してたくさんのことを知っていくのは，とても大切なことです。そして，「分からないこと」を集めることも，それと同じくらい大切です。いろんなものをよく見て，いろんな不思議について考えてみてください。それはとても楽しいことです。

7　評価について

単元末のテストに合わせて，本時の最後の問題を次の観点で評価した。

　木村特任研究員のチームは，6月の段階で2016年9月の海氷の面積を約460万㎢と予想しました。右の2016年9月の写真をもとにおよその面積を求めてみましょう。地図上の1cmが約200kmです。　　　　　　　　　（実測は約406万㎢）

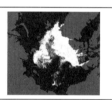

	A	B	C
評価規準	海氷を図形に見立てて，凹凸の部分を考慮して計測し，およその面積を求めている。	海氷を図形に見立てておよその面積を求めている。（凹凸を考慮していないため，値が大きくずれている）	海氷を図形に見立てておよその面積を求められていない。
反応例	三角形二つと考えて， 左の三角形の面積が， $6×200×15×200÷2＝180万$， 右の三角形の面積が， $17×200×6.5×200÷2＝221万$， 二つの三角形の面積を合わせて $180万＋221万＝401万$　401万㎢	三角形二つと考えて， 左の三角形の面積が， $4×200×12×200÷2＝96万$， 右の三角形の面積が， $17×200×6.5×200÷2＝221万$， 二つの三角形の面積を合わせて $96万＋221万＝317万$　317万㎢	海氷の計測はしているが，図形に見立てることができず，作業が止まっているなど。

　最後に単元作成に多大なるご尽力を下さった東京大学特任研究員木村詞明様，資料提供下さった国立極地研究所特任准教授矢吹裕伯様をはじめ同研究所の方々に厚く御礼を申し上げます。

（飯干　新）

7 水道水・下水・ごみから 環境を考えよう

1 単元の概要

　通常，この単元は「飲料水と下水をセットにした単元」と「ごみの単元」の二つで構成されることが多い。その場合，下水は「水の再利用」の一つとして位置付けられるが，本事例では，「自分たちのくらしと環境との関わり」を重視し，次の三つの特徴を持った構成とした。

(1) 「水道水」「下水」「ごみ」という三つの小単元で構成し，「下水」の扱いを強めた。浄水場見学に加えて，下水処理場の見学も組み込んだ。

(2) 水道水と下水の学習後に「環境基本法」を取り上げ，「環境への負荷」の概念を学習した。

(3) ごみの学習の最後に，「水道水」「下水」「ごみ」の学習全体を振り返り，学んだことを「五七五作文」で表現する活動と「考えが変わってきたこと」を説明する活動を位置付けた。

2 本単元で育成を目指す資質・能力

〔知識及び技能〕

・自分たちの生活や産業に飲料水の確保や廃棄物の処理が欠かせないことを理解する。

・飲料水の供給や廃棄物の処理の経路を，見学・調査をもとに整理できる。

〔思考力，判断力，表現力等〕

・「環境への負荷」という基礎的概念を把握し適用する。

・「環境への負荷」を低減する営みによるものとして身近な水やごみをとらえ直す。

〔学びに向かう力，人間性等〕

・下水処理場や清掃工場で働く人たちに感謝する。

・節水やごみを減らすため自分なりに取り組もうとする。

・自分の考えの変化を内省できる。（「メタ認知」）

3 授業のねらい

　住みよいくらしと環境のあり方について，自分の考えを組み立て直すことができるようにする。

4 単元の流れと指導計画（全40時間）

第1次 水道の水はどこからくるのか

時	主な学習活動
1	ふだん，どんな時に水道水を使っているの？
2	毎日，どのくらい水を使って生活しているの？〈手洗いの水の量を測定〉
3	手洗いの活動を振り返り，一日に使う水の量について考える。
4	こんなに水を使って，水はなくならないの？
5・6	水飲み場の蛇口を起点に，水道管の行方を探る。
7	水道水はどのようにして私たちに届くの？
8・9	見崎浄水場の見学
10・11	浄水場では，どのようにして水道水をつくるの？
12	世界の国の水事情は？
13	もっと水を大切に使いたいと考えるようになったわけを説明し合おう。

第2次 使われた水の行方を探る

時	主な学習活動
14	使った水はどんな時に出るかな？
15・16	水飲み場の排水口を起点に排水管の行方を探る。
17	学校と家の周りのマンホール調べを振り返る。
18	使われた水はどうやってきれいになるの？
19〜21	山形市浄化センターを見学し，見学したことを振り返る。
22	もし，浄化センターの機能が止まったらどうなるの？
23・24	浄化センターができる前，使われた水はどうしていたの？ 〈下水道普及率と川の水質の変化〉
25	最上川の水は，馬見ヶ崎川の水よりきれいか？〈上流から下流までの水質を比較〉
26	下水処理場では，汚れた水をもっときれいにして流すべきか？ 〈最上川と大阪の淀川の水質を比較〉
27	皿の油をどう処理するか？　─水で流すべきか，それとも紙で拭くべきか？─
28	環境基本法について考える。

第3次 水道水・下水・ごみから環境を考える

時	主な学習活動
29	家のごみは，どうまとめてどう出しているの？
30・31	ごみを家でどう分けるか？〈山形市のごみの分別や，無料か有料かについて〉
32〜35	清掃工場・リサイクルセンター・最終処分場を見学し，見学したことを振り返る。
36	山形市のごみの量の移り変わりは？
37	本当にごみを減らしていけるのか？
38	山形市と寒河江市のごみの処理の仕方のどちらに賛成か？〈プラスチックを燃やすか〉

| 39・40 | 「水道水」「下水」「ごみ」の学習を振り返り，「環境」をテーマにした「五七五作文」をつくって「自分の考えが変わってきたこと」を説明し合おう。 |

5　本時の学習指導案（第40時／全40時間）

時間	子供の学習活動	教師の指導・支援
8分	1　前時の学びを振り返り，本時の課題を振り返る。 〈A児の振り返り〉 　今日の話し合いから考えたことは，環境と住む人のどっちを優先すればいいかという迷いです。私は，環境の方を優先します。	・前時では，山形市と寒河江市のごみ処理の様子を比較することで，「環境」に加えて「住む人」の要望や負担なども考慮する必要があることに気付くことができた。導入では，前時に書いたA児の振り返りをもとに，ごみ処理を考える時に大事にしたいキーワードを考えることで，五七五作文をつくる足がかりとなるようにする。
	課題　水道水・下水・ごみの学習を振り返り，「環境」をテーマにした五七五作文をつくろう。	
17分	2　環境をテーマにした五七五作文を考え，交流し合う。 (1)　班ごとの交流	・これまで書き綴ってきた学びの振り返りを読み返すことで，「水・ごみ」を環境とつなげて考えた時に，大事にしたいキーワードを見つけることができるようにする。 ・なぜそのような五七五作文にしたのかが全体での交流で伝わるように，理由を大事に話し合っていくようにする。
12分	(2)　全体での交流	・全体での交流では，各班で考えた五七五作文の中から「理由をくわしく聞いてみたいもの」を中心に取り上げていく。考えた理由を予想し合ったり，班の代表者の説明を聞いたりすることで，くらしと環境のあり方について見方を広げたり，自分の考えを組み立て直したりすることができるようにする。
8分	3　本時の学びを振り返る。	・五七五作文づくりを通して考えたことをもとに，くらしと環境についての学びを振り返ることで，自分の考えの変容を自覚できるようにする。

6 本時の授業展開例

　前時では，子供たちがくらす山形市と，隣接する寒河江市のごみ処理の仕方を比較した。山形市では，焼却灰を最終処分場に埋め立てる方法をとっているが，来年稼働する新工場では，さらに高い温度で燃やすことが可能となり，燃やせるごみはアスファルトの材料としてリサイクルされる。一方，寒河江市では，山形市が今後目指す方法をとっていたものの，温度を上げるために予想以上に重油代がかかり，住民の負担が増えることなどを理由に，焼却灰を埋め立てる方法に変更した。つまり，ごみ処理について，両市は全く逆の方法をとっている。そこで，具体的な資料をもとに，「どちらのごみ処理の仕方に賛成か？」というテーマで考え合い，最後に振り返りを書いた。

　本時の導入では，まず，子供Aが書いた文章を全体に紹介した。その後，「Aさんの振り返りから，どんなことがわかりますか？」と尋ねると，次のような言葉が返ってきた。

　・山形市は環境のことをよく考えていて，寒河江市は住む人のことをよく考えている。
　・（山形市のような）新しいやり方はお金がかかるかもしれないけれど，山形市のやり方
　　は環境にやさしいからいい。

　これらをもとに，子供Aの「環境」を大事にしたいという思いを確かめた後，「Aさんのように，『私が大事にしたい言葉』としてどんなものがありますか？」と尋ねると，「まぜればごみ　分ければ資源」「環境」「三つのR」といった発言が続いた。そこで，「大事にしたい言葉をキーワードとして，次のようなものをつくってみよう」と話し，本時の課題を板書した。

　課題　水道水・下水・ごみの学習を振り返り，「環境」をテーマにした五七五作文をつく
　　ろう。

　まず，班の中で考えついたものを出し合い，紹介したいものを掲示用の紙に書くように指示した。その際，なぜそのような五七五作文にしたのか，その理由を大事に話し合うように確認した。ある班では，次のような話し合いが展開された。

「これだとごみのことはわかるけど，水のことがわからないよね」
「『工場は　大切なもの　みな同じ』というのはどう？」－「それってどういうこと？」
「工場というのは，『浄水場』『下水処理場』『清掃工場』のこと。その三つは，どれも大事
　だということだよ」

次に，各班で考えた五七五作文の用紙を黒板に掲示した。

〈各班で考えた主な五七五作文〉

「工場は　大切なもの　みな同じ」　　　　「水とごみ　むだづかいしない　資源だよ」

「守ろうよ　三つのRと　環境を」　　　　「資源ごみ　リサイクルして　新品に」

「水とごみ　法りつしっかり　守ってね」　「ごみへらす　処分場の　ためにもね」

「ごみしょりを　している人へ　感しゃだね」「処分場　使える年数　ふやそうよ」

「住みやすい　まちつくるために　がんばろう」

この後，黒板に掲示した五七五作文の中で，「わかりそうでわからない」というものを取り上げて学習を展開した。

教　師：たくさん出された中で，「わかりそうでわからない」というものはありますか？

子供Ａ：「工場は　大切なもの　みな同じ」というのが，よくわからないんだけど…。

子供Ｂ：三つの工場は，環境を守るのにどれも大切だということだよ。

子供Ｃ：あー，なるほど。どの工場も，環境に大きく関係しているからかあ。

教　師：Ｃさんが言う環境って，どういうこと？

子供Ｃ：たとえば，清掃工場があることで，最終処分場を長く使うことができるとか…。

子供Ｂ：三つの工場は，水を出しっぱなしにしてはだめとか，汚れた水を多く流さないとかごみをなるべく出さないとか，全部環境に関わってくるよ。

教　師：三つの工場というのは？

子供Ｂ：浄水場と下水処理場と清掃工場。

子供Ｄ：三つの工場では，働いている人たちがきれいにしてくれているから，水もごみも大事に考えていかないといけないなあ。

全体での交流後，最後に次のような指示をした。

> これまで，水道水・下水・ごみの学習をしてきて，自分はこんなふうに考えが変わってきたということを書きましょう。

黒板に「水道水・下水・ごみの学習をして考えが変わってきたことは…」と板書し，それに続けて自分の考えを書かせていった。

7 評価について

子供が毎時間書いた振り返りを整理し，思考の変容を見取っていく。特に，単元の最後に書いた内容から，「環境と人々の生活との相互関係」という見方と「環境への負荷」という概念のもとで，それぞれの資質・能力が相互に結び付いているかを見極めていく。

〈子供の振り返りの例〉

> 水道水，下水，ごみの学習をして考えが変わってきたことは，身近にあるごみでも，水道水，下水でも，使い終わると何かに変わるということです。前は，きたないものは，きたないものとか思っていたけど，もっときれいに変わるんだと思いました。三つの工場は，だれかがきれいにしてくれているものだから，大切にしないといけないのだなあと思いました。

工場の機能は「だれかがきれいにしてくれているもの」である。この子供は，「身近にある」水やごみを，「もっときれいに変わるもの」としてとらえ直していると言える。

> 水道水，下水，ごみの学習をして考えが変わってきたことは，学習をする前は，もやせるごみをたくさんもやすのは，かんきょうにわるくないと考えていたけど，今はなるべくかんきょうにいいように，せいそう工場の人たちが働いてくれていることがわかったから，これからはごみをへらそうとがんばりたいです。

「なるべくかんきょうにいいように」という表現に，この子供の「環境への負荷の低減」の理解が表れている。また，「せいそう工場」は，その役割を担っていることがわかり，働く人たちへの感謝と自分なりにごみを減らす取り組みに意欲を示していることが読み取れる。

（林　敏幸）

8 おもちゃなど身近なものを通して，様々な時代の特徴を調べよう

1　単元の概要

　本単元では，まず，戦前，戦中，高度経済成長にかけてのグリコのおもちゃの変化とその理由を全員で追究する。

　その学習を足場にして，おもちゃ以外の身近なもの，たとえば，洋服の変化，食事の変化，家の変化などを一人ひとりが追究しまとめ，交流する。

　このような学習を通じて，すべての子供が，歴史的な見方・考え方を働かせながら，身近な社会的事象をとらえ，その意味を理解することができるようにしたい。

2　本単元で育成を目指す資質・能力

〔知識及び技能〕

・年表などの資料で，戦前，戦後，高度経済成長期など様々な時期や時代について調べ，それぞれの様子を大まかに理解できるようにする。

〔思考力，判断力，表現力等〕

・グリコのおもちゃなど特定のものに着目し，その変化を歴史上の出来事と結び付けながら考えたり，わかりやすくまとめたりすることができるようにする。

〔学びに向かう力，人間性等〕

・グリコのおもちゃなど特定のものの変化とその理由を楽しみながら主体的に追究できるようにする。

3　授業のねらい

・グリコのおもちゃなど身近なものの変化を追うと，時期や時代の特徴が見えてくることに気付くことができるようにする。

・これから学習する日本の歴史に一層関心を持つとともに，おもちゃ以外のものの変化の意味について考えてみようという意識を持てるようにする。

4 単元の流れと指導計画（全3時間）

第1次　グリコのおもちゃの変化

時	主な学習活動
1	グリコのおもちゃの変化とその理由について話し合う。（本時）

第2次　自分が選んだものの変化

時	主な学習活動
2	自分が選んだものの変化とその理由をポスターにまとめる。
3	お互いのポスターを紹介し合い，各時期・時代の特徴について話し合う。

5 本時の学習指導案（第1時／全3時間）

時間	子供の学習活動	教師の指導・支援
15分	1　戦争中のおもちゃについて話し合う。	・戦前，子供に人気のあったグリコのおもちゃ「ベーブ・ルースのメダル」を提示し，おもちゃに意識を向けさせる。 ・戦中のおもちゃ「兵士」「大砲」などを提示したり，おもちゃがなくなった事実を確認したりする。
	グリコのおもちゃはどのように変化したのだろうか？	
20分	2　戦後のおもちゃについて話し合う。	・戦中のおもちゃ「兵士」「大砲」と戦前のおもちゃ「メダル」を比較させる。変化の理由をペアで相談させ，社会状況の変化に気付かせる。 ・高度経済成長期のおもちゃについて教科書や資料集の記述をもとに予想させ，必要に応じて画像で確認する。 ・高度経済成長期のおもちゃの特徴を一言でまとめさせ，戦中と戦後の違いを明確にする。 ・まとめることができない子供がいる場合は，モデル発言を聞かせ参考にするように促す。 ・おもちゃの変化と時期・時代の流れがわかるように，構造的に板書する。

10分	3　学習をまとめ，今後の学習の見通しを持つ。	・特定のものの変化を見ていくとその時々の社会状況をとらえやすくなることを意識付けるために，まとめの文「おもちゃの変化を見ていくと，（　　　）がわかる」を書かせる。 ・まとめの文章が書けない子供には，板書を参考にするように伝える。 「おもちゃの他に何を見ていくとその時の社会の様子がわかりますか」と尋ね，何人かに発表させることで，次時以降の学習への期待感を膨らませる。

6　本時の授業展開例

　まず，メダルの画像の一部を提示し徐々に全体を見せ，1930年当時人気のあったグリコのおもちゃであること，ベーブ・ルースのメダルであることを確認した。

　次に「10年後の1931年～1940年にはどんなおもちゃが付くと思う？」となげかけた。子供は自然と年表を見始め戦争が続いていることに気付き「戦闘機？」などとつぶやき始めた。そこで，1940年頃の大砲，兵隊のおもちゃの画像を見せ，ベーブ・ルースのメダルと比較させ違いを発表させた。

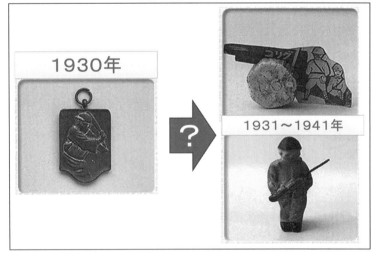

　「同じ戦いでもスポーツから戦争に変わった」
　「金属から紙粘土に変わった」
　「アメリカから日本に変わった」
　「幸福から不幸に変わった」
と自分が受けた印象を話す子供もいた。
　それぞれの変化の理由を考えさせた。
　「武器を作るために金属が必要だったから，材料が紙粘土になったんだ」
　「戦争中，アメリカは敵だったから，アメリカ生まれのスポーツを許されなかったんだよ」
　「国が兵隊はかっこいいと思わせたかったのかな」

さらに，５年後にはグリコのおもちゃがなくなったことを確認し，「何がなくなったから，おもちゃがなくなってしまったのだろう」と問いかけた。

「材料がなくなったから」

「空襲で，お菓子やおもちゃを作る工場がなくなったからかな」

「みんな兵隊になるから，作る人がいなくなったんじゃないかな」

「余裕がなくなったんだよ」

子供はグリコのおもちゃの変化を説明するために，教科書や資料集などを使って，戦争が激しくなる中で日本そして国民が追い込まれた事実を追究した。

次に「この映画を観たことある？」と言って「ALWAYS　三丁目の夕日」のポスターを提示した。子供と簡単なやり取りをしながら，1960年頃の日本が舞台となっていることを伝え「ところで，この頃にもグリコのおもちゃがあったのですが，どんなおもちゃだったと思う？」と投げかけた。子供は，ポスターに描かれている新幹線，東京タワー，少年漫画，車，フラフープ，コカ・コーラを手がかりにしながら予想を発表した。

実際はどうだったのかをインターネットで調べた。テレビ，車，船などが見つかった。戦争中のおもちゃと1960年頃のおもちゃを比較させる。

「材質が紙粘土からプラスチックに変わった」

「色が派手」などの意見が出てきた。

変化に目が向いたところで，「なぜ，こんなにおもちゃが変化するのだろうか」と問いかけた。

年表や教科書を手にとって高度経済成長期について調べた。

「日本が世界に認められ始めた時期だ」

「経済が発展して日本が豊かになったと書いてある」

「色がカラフルなのは，国民の気持ちをあらわしているような感じがする」

子供は，高度経済成長期について意欲的に調べ意見を交流する。授業の最後に「グリコのおもちゃの変化を見ていくと何がわかりますか」と問いかけた。「時代の様子」「日本人が大切にしていたもの」などの意見が出た。さらに「グリコのおもちゃ以外に，何の変化を見たらその時々の日本の様子が見えますか」と続けると，食事，漫画，ファッションなど個性的な多様な意見が出た。その発言を引き取り「では，次の時間からは，自分の興味のあるものの変化を，一人ひとりが調べ，時代の変化と一緒にまとめていきましょう」とオープンエンドの課題を設定し授業を終えた。

　２時間目は，一人ひとりが，歌，洋服，給食，人気の職業，遊び，漫画，教科書，切手，お風呂などを調べ，時期・時代の様子と関連付けながら意欲的にポスターにまとめた。グリコのおもちゃの学習を経験しているので，調べ方やまとめ方がわからない，手も足も出ないという子供はいなかった。３時間目は，お互いのポスターを紹介し合った。

　以下は子供がまとめたポスターである。

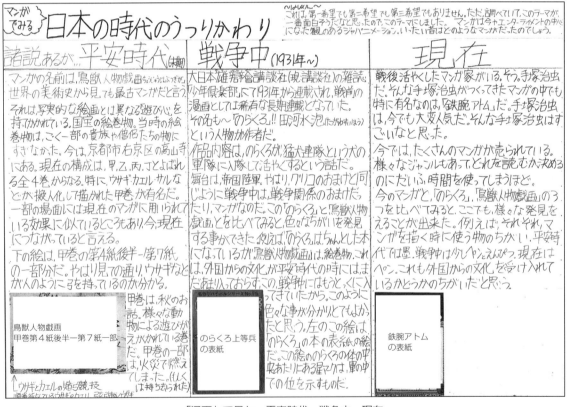

「漫画」で見た　平安時代　戦争中　現在

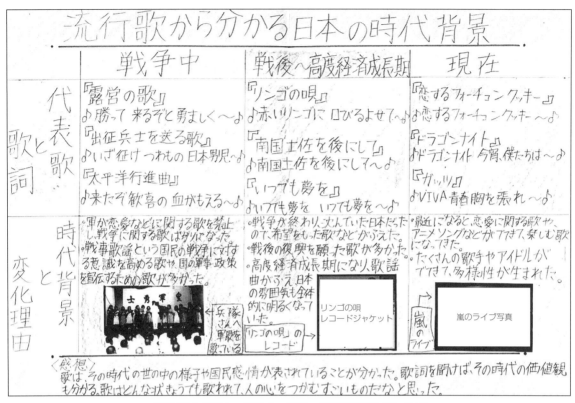

「流行歌」で見た　戦争中　戦後～高度経済成長期　現在

7　評価について

　次のように評価規準を設定し，評価した。

〔知識・技能〕

・年表，書籍，インターネットなどを使って，各時代・時期の様子をおおまかにポスターにまとめている。

〔思考・判断・表現〕

・身近なものの変化を時代・時期の変化と結び付けながら，説明したりまとめたりしている。

〔主体的に学習に向かう態度〕

・身近なものを一つ選択し，その変化に関心を持ち，意欲的に調べたりまとめたりしている。

（村田　辰明）

9 リフティングマグネット付きユンボの秘密を追究しよう！

1　単元の概要

　スクラップセンター（金属リサイクル工場）に出かけ，鉄スクラップを選別する重機（リフティングマグネット付きユンボ）を間近で見ることを学習の契機とした。高く積み上げられた廃棄物の山から，アームの先端に取り付けた円盤状の電磁石を使って鉄スクラップを取り出す。重機が動くと地面が揺れ，吊り下げられた鉄スクラップが電磁石から離れて落ちると轟音が響きわたる。子供は圧倒的な迫力に心を奪われ黙って見つめていた。やがて，目の前の重機がその先端部に巨大な円盤状の電磁石を取り付けたものであることに気付いた子供は，次のような問題意識を持った。

　①ユンボの模型を作ってユンボが動く秘密を探りたい。
　②電磁石を作って鉄でできた物を引き付けたい。
　③電磁石の磁力の強さが何で決まるのかをつきとめたい。
　④電磁石の性質を永久磁石と比べて調べたい。
　⑤ユンボの模型に電磁石を取り付けて「リフティングマ
　　グネット付きミニユンボ」を作って，磁力を競う大会
　　を実行したい。

　最初に，注射器を用いた油圧システムの原理を調べる自作教材を製作して，ユンボのアームやブームが動く仕組みを調べた。次に，電磁石を作ってユンボ模型の先端部に取り付け，その強さが何によって決まるのかを追究していった。条件制御を加えた実験を計画的に進め，実験データを蓄積していった（独自学習）。実験データが集まった時宜をとらえて電磁石の磁力の強さに関わる要因について話し合った（相互学習）。そこから，電流の大きさ，コイルの巻き数，コイルの巻き方，導線の太さ，導線の材質，心の太さや材質などが，電磁石の磁力の強さに関わっているのではないかという仮説を立てて，さらなる追究が始まった（第二次独自学習）。これらの追究活動と並行して，電磁石と永久磁石の性質を比べて，相違点と共通点をまとめた。学んだことを活用して，より強い磁力を発揮することを目的とした「リフティングマグネット付きミニユンボ」を試作，評価，修正することを繰り返した。自分たちで大会ルールを決めて，一人ひとりが改良を重ねたオリジナルのミニユンボを使って鉄材を引き上げる重さを競う大会を実行した。

2　本単元で育成を目指す資質・能力

〔知識及び技能〕

・エンジンの力で，油がポンプからチューブを伝わってシリンダー内に送り込まれ，その油圧によってピストンが押し出されてアームやブームが動く仕組みをユンボの模型作りを通してとらえる。【発展的な内容】

・電磁石を作ってコイルに電流を流すと鉄心が磁化すること，回路を切ると磁力は発生しなくなること，電流の向きを変えると磁極も変わることを，永久磁石の性質との比較や条件制御を加えた追究活動を通してとらえる。

・電磁石の磁力の強さは，電流の大きさや導線の巻き数などによって変わることを，条件制御を加えた追究活動を通してとらえる。

・安全に気を付けて実験したり，目的に応じた機器や道具を正しく使ったりする。

〔思考力，判断力，表現力等〕

・電流がつくる磁力を追究する中で，電磁石の磁力の強さに関わる要因についての仮説をもとに，解決の方法を発想し，表現する。

・電磁石の働きを利用したものづくりを計画し実行するとともに，その過程で見つかる問題を解決する方法を発想し，表現する。

〔学びに向かう力，人間性等〕

・主体的にねばり強く問題解決するとともに，学友や教師と協働して問題解決することを楽しむ。

・問題解決の過程で，互いの考えを尊重しながら納得するまで話し合い，必要に応じて再試行や再検討を加えながら，科学的なものに変容させる。

・問題を解決することに喜びを感じ，追究を深めると新たな問題が見つかることに価値を見いだす。

3　授業のねらい

電磁石の磁力の強さは，電流の大きさ以外の要因によって変わるかについて，条件制御を加えた実験の結果をもとに考えることができるようにする。

4　単元の流れと指導計画（全14時間）

次	時	主な学習活動
1	1〜4	金属リサイクル工場に出かける。
2	5	問いを整理して単元の追究計画を立てる。

3	6・7	ユンボの模型を作ってアームやブームが動く仕組みを調べる。
4	8〜12	電磁石を作って電磁石の性質や働きを調べる。 　活動(a)　電流を断続する。 　活動(b)　電流の向きを変える。 　活動(c)　電流の大きさを変える。 　活動(d)　コイルの巻き数を変える。 　活動(e)　導線の太さを変える。 　活動(f)　コイルの中に入れる物の太さや材質を変える。 　活動(g)　電磁石の磁極や磁界を調べる。
5	13・14	「リフティングマグネット付きミニユンボ大会」を計画して実行する。

※(a)〜(g)の個の追究活動（独自学習）は展開状況によって順序が変わる。

※第５次の活動も同時的に行う。

※個の追究活動をもとに話し合う場（相互学習）を適宜設ける。

5　本時の学習指導案（第10・11時／全14時間）

時間	子供の学習活動	教師の指導・支援
5分	1　前時の学習を振り返る。	・これまでの学習をもとに，予想される追究活動に必要な物を理科係の子供と準備しておく。 ・前時に行った，回路に流れる電流の大きさを変えると，電磁石の磁力が変わることを調べた実験の条件制御について確認し，板書する。 仮説①　電磁石の磁力の強さは，電流の大きさによって変わるのではないか。 《変える条件》 ◎電流の大きさ 《そろえる条件》 ・心の太さ ・心の材質 ・導線の太さ ・コイルの巻き数 ・回路 共通実験①　電流の大きさを変えると，電磁石の磁力が変わるかを調べる。 問題　電磁石の磁力の強さは，電流の大きさ以外のことにも関係するのだろうか。

15分	2	追究活動の計画を立てて話し合う。（個の学習のめあての交流）	・一人ひとりが，電磁石を操作しながら，電磁石の磁力の強さに関係する要因を予想して仮説を立てるように働きかける。 ・それぞれの仮説の妥当性を検討するための実験を構想して，仮説，方法，条件制御を図や表を用いて黒板に表して伝えるように促す。 ・仮説や実験計画について話し合わせて，それぞれの追究の目的や方向を明確にする。
30分	3	各自が立てた計画をもとに追究活動を進める。	・電流を大きくして調べた時にコイルが発熱したことを思い出させて，安全に注意するように伝える。 ・信頼性が高い実験結果が得られるように，実験を複数回行って，電磁石に付いた鉄材の総数や総重量を比較する科学的な手法に気付かせたい。 ・平均値を求めて比較する子供のために電卓を準備しておく。また計算方法を机間巡視して指導する。
15分	4	実験結果を共有して考察する。	・変えた条件（変数）と電磁石に付いた鉄材の数量（変数）との関係をとらえやすくするために，実験結果を表やグラフなどに処理して表現するように助言する。 ・それぞれの実験結果を，小黒板などを用いて先の実験計画に続いて表現するように指示する。 ・自己の実験結果と学友の実験結果とを比較したり，関連付けたりしながら，自分の仮説の妥当性について検討を加えて考察するように働きかける。
20分	5	考察したことを全体で話し合う。	・複数の実験結果に基づく根拠を示して，自分の仮説の妥当性を筋道立てて表現することができるように助言する。 ・話し合いの中で，自分が持っている考えを評価して，より科学的なものに変容させるとともに，疑問が残る考察については，再実験を試みるように促す。
5分	6	本時の学習を振り返る。	・条件制御を確実に行った実験結果に基づいて仮説の妥当性を論じた子供を誉めるとともに，電磁石の性質や働きに関する未解決及び新たに見つかった問題を整理して次時につなげるようにする。

6 本時の授業展開例

本時までの学習

　子供は，電磁石を作るや否や，電流の断続と磁力の発生との関係，電流の向きと磁極との関係，電流の大きさと磁力の強さとの関係，磁極片の部分と磁力の強さとの関係などを，鉄材，方位磁針を用いて自発的に調べ交流した。そこから，リフティングマグネット付きユンボを見学した時に抱いた印象も含めて，次のように問題を整理し，それらについての仮説を立てた。

子供がまとめた問題	仮説
①電磁石の磁界はどのように広がっているのだろうか。	❶永久磁石と同じように，磁極から円が重なるように広がっているのではないか。
②電磁石も方位磁針の役割をするのだろうか。	❷永久磁石と同じように，N極が北を，S極が南を指すと予想する。
③導線1本でも磁力は発生するのだろうか。	❸導線1本でも弱い磁力が発生すると予想する。砂鉄を使って調べたい。
④コイルの中に鉄以外の物を入れても電磁石になるのだろうか。	❹金属の心は磁力を発生するのではないか。鉄以外の心は磁力を発生しないのでは…。
⑤電磁石の磁力の強さは，電流の大きさ以外，何に関係するのだろうか。	❺コイルの巻き数，コイルの巻き方，導線の太さ，導線の材質，心の太さ，心の材質などに関係するのではないか。

本時の学習

> **問題　電磁石の磁力の強さは，電流の大きさ以外のことにも関係するのだろうか。**

　各自が立てた仮説や実験計画をグループですり合わせ，グループ活動の見通しを話し合ってから実験を実行した。実験の結果を表やグラフに整理し，それらを全体で共有しながら考察をノートに書いた。その後の対話を紹介する。

子供A：Bさんのチームの結果におたずねします。Bさんは導線の巻き数と付いた物の重さがほぼ比例すると言いましたが，私たちのチームは，巻き数が2倍になっても付く物の重さは2倍になりませんでした。どうですか。

子供B：10回巻きから100回巻きは比例していませんが，100回巻きから300回巻きは比例しました。

子供C：私たちは，実験の精度を上げるために，50回巻き，100回巻き，200回巻き，300回巻き，400回巻きを，それぞれ３回ずつ実験しました。50回巻きから200回巻きまでは，ほぼ比例しましたが，そこから上は比例しませんでした。私は，導線の巻き数以外のことが関係しているように思います。

子供D：Cさんに付け足します。僕はコイルに導線を丁寧に巻かずに雑に巻くと磁力が下がると考えています。巻き数が増えると疲れて巻き方が雑になると思います。

子供E：Dくんにおたずねです。雑というのは，バラバラに巻くということですか。

子供D：そうです。間を空けずにきっちり巻いていないということです。

子供E：僕は，できるだけ同じ所にびっしり巻いているのと，広がってバラバラに巻いているのとで磁力が変わってくると思います。

子供F：僕は，200回巻きより上のデータが安定していないチームが多いことから，導線が長くなると電流が通りにくくなることも関係していると予想します。

教　師：導線の巻き数と，電磁石に付いた物の重さ，つまり，電磁石の磁力の強さは比例すると言い切ることはできないのですね。導線の巻き方や長さ，他の要因も見えてきましたね。では，すべてのチームの結果を比べて，確かに言えることは何ですか。

子供G：導線の巻き数が増えると，電磁石の磁力の強さが強くなるということです。

　このような対話を通して，電磁石の磁力の強さは，電流の大きさ以外の要因によって変わることについての科学的な考えを深めることができた。

7　評価について

　第５次の活動状況を記録，分析する（知識・技能の応用や統合，問題解決の力を見取る「パフォーマンス評価」）とともに，活動を振り返ったレポートを作成させて総合的に評価を行う。

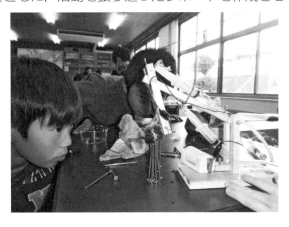

（杉澤　　学）

10 一年間を振り返って 3年理科カリキュラムを見直そう

1　単元の概要

　本単元は，一年間の一番最後に設定するものである。一般的にカリキュラムは大人の論理として論ぜられることが多いが，子供も自分たちが学ぶ，あるいは学んだ内容に関して何らかのコンテクストを形成していると考える。子供の経験として筋道立てられたそのコンテクストが，その教科・領域固有の鍵となる概念の形成や認識・表現の方法として，子供のくらしの中で機能する力となるものと考える。理科でいえば，子供の中に形成された学びのコンテクストが，その子供がくらしていく上での「本当の」科学的な概念となったり科学的なものの見方や考え方になったりするということである。

　子供たちは，3年生で初めて理科の学習を行う。そのはじめの一年間の理科の学習を振り返り，カリキュラムを自分なりの視点から組み直してみるという活動は，単に既習事項の復習をするという意味だけではなく，今後の理科の学習や，さらにはくらしの中での科学的なものの見方や考え方を確かなものにするためにも重要であると考える。

　本単元では，まず，一年間の理科の学習を振り返り感じたことや考えたことを話し合う活動からスタートする。その中で，子供たちは面白かったことや難しかったことを出し合うことが予想される。さらにそうした点について詳しく話をしていく中で，「もっとこうすれば楽しくなるかもしれない」とか「こういうやり方をすれば学習しやすいかもしれない」という意見が出されるものと予想される。そこで，そうした意見をもとに，「一年間を振り返って3年理科カリキュラムを見直そう」というめあてを設定する。その後，これまでに学習したノートや教科書を見直して，一人ひとりがカリキュラムを組み直す活動を行う。その際には，自分のカリキュラムのセールスポイントなどもまとめるようにする。この活動が終わったらそれぞれが考えたカリキュラムを発表し合い，修正を加える活動を行い，まとめたものを休み時間等を利用して来年の3年生に簡単に伝えるという展開をとる。

2　本単元で育成を目指す資質・能力

〔知識及び技能〕

・3年生で学習した各領域における知識や実験・観察の方法を振り返り，大事なポイントについてまとめる。

〔思考力，判断力，表現力等〕

・各単元で学習したものの見方や考え方について共通する点を探したり，内容のつながりを考えたりする。

〔学びに向かう力，人間性等〕

・理科で学習した内容やものの見方と他教科・領域の学習，普段のくらしとのつながりについて考える。

3 授業のねらい

　一年間の理科の学習を振り返り，各単元における重要な知識・技能や科学的なものの見方・考え方について確かめながら，「より学習しやすい」「より面白い」等の視点からカリキュラムをつくり直すことができる。

4 単元の流れと指導計画（全6時間）

次	時	主な学習活動
1	1	一年間の理科の学習を振り返り感想を話し合い，学習の見通しを持つ。
2	2〜4	一人ひとりが，これまでに使ったノート等の学習の記録や教科書を手がかりにしてカリキュラムをつくり直す。
	5	それぞれが考えたカリキュラムの工夫について話し合う。（本時）
3	6	話し合いをもとにして，カリキュラムを修正する。

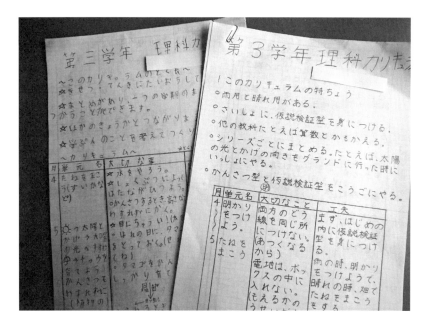

5 本時の学習指導案（第5時／全6時間）

時間	子供の学習活動	教師の指導・支援
2分	1 前時までの学習を想起し，本時のめあてをつかむ。	
	それぞれが考えた「3年理科カリキュラム」について話し合い，カリキュラムづくりをすすめよう。	
40分	2 それぞれが考えたカリキュラムについて話し合う。	・子供たちは，太陽の学習の時に天気が悪くて思うように観察を進めることができなかった等の体験をしているため，天気を考慮に入れたカリキュラムを考えることが予想される。また，内容のつながりを考えて単元の配列を入れ替えることも予想される。そこで，板書の中で子供たちから出されたこうしたカリキュラム編成の視点を視覚的にとらえやすいようにするために，板書で整理する。 ・それぞれが根拠を持ってカリキュラムづくりを進めてきてはいるが，その根拠をそれに見合うように言語化することが難しい子供もいることが予想される。そこで，自分の根拠や考えをうまく言語化し，自覚的にとらえたり自他の考えを確かめる契機としたりすることができるようにするために，必要な場合には，教師が関わりながら話し合いをコーディネートする。
3分	3 本時の学習活動を振り返り次時の見通しを持つ。	・次時は，カリキュラムの修正を行う予定なので，話し合いを通して考えたことをノートに書きまとめるように指示をする。

6 本時の授業展開例

前時まで，子供たちは一年間使ってきた教科書やノートなどの自分の学習の足跡を手がかりに，単元ごとの大事な内容についてもまとめながらカリキュラムをつくり直した。カリキュラムづくりというと子供には難しいのではないかと感じられる方もいらっしゃるかもしれないが，子供たちは「ああ，懐かしい」とか「あの時はびっくりしたねえ」等と話をしながら楽しそうに活動に取り組んでいた。また，どの子供も３時間で一通りカリキュラムを表にまとめたり，自分のカリキュラムのセールスポイントをまとめたりしていた。

本時では，次のような考えが発表された。

私が考えたカリキュラムは，まず，天気のことを考えています。なぜかというと太陽の勉強の時や昆虫探しの勉強の時に雨が降って予定していたことができなかったので，天気がよくないとできない勉強とそうでなくて教室でもできるゴムの力などの勉強が二本立てになっています。だから，万が一たくさん雨が降っても大丈夫です。それから季節のことも考えています。夏休みの前後は毎日気温が35度以上になるので，そういう時にはなるべく外に出なくてもいいようにちょっと調整しています。三つ目は，温度計の勉強をはじめにすることです。教科書でいうと６番の太陽の勉強の時に温度計の見方とか出てくるんだけど，４月に温度計の見方の勉強をしておけば，植物の成長を記録していく時にも温度がかけてよいと思ったからです。そして，これが私の一番の工夫なんだけれど，他の教科の勉強と関連付けて考えているというか，他の教科のカリキュラムの変更も考えてみました。特にそれは，算数のカリキュラムです。まず，算数の教科書では一番最後に棒グラフの勉強があって，この間まで（２月中旬～下旬）棒グラフの勉強をしていたんだけど，算数のカリキュラムの中でこれを一番はじめにもってくればよいと考えました。なぜかというと，理科では植物を育てて大きさとかを定規で測ったりして記録したんだけど，算数で棒グラフの書き方を勉強しておくと，大きさを記録する時に棒グラフで書くことができるからで

す。そうすると，暖かい季節にはどんどん大きくなるとか一目でわかると思ったからです。それから，算数では重さの勉強も早めにしておいた方がよいと思いました。算数で重さの勉強をしたのは2学期の確か11月頃だったし，理科の重さの勉強もそのちょっと後だと思うんだけど，私たちはゴーヤを育てたから，もっと早く重さの勉強をしておくと，実の重さが何グラムになったとかも記録できると思ったからです。

　私は，考え方とか勉強の進め方で考えて，仮説検証型の勉強と観察型の勉強が交互になるようにカリキュラムを考えました。教科書では，3年生のはじめの頃は植物とか昆虫のことが続いて4番ではじめて「ゴムや風でものをうごかそう」という仮説を立ててそれを確かめるような勉強になるんだけど，やったと思ったら夏休みになります。一年間の理科の勉強を振り返ると，こうなんじゃないかという仮説を立ててそれを確かめるために実験するというような勉強と，仮説とか立てないで観察を繰り返していくうちに「言えること」を見つけるような勉強があったんだけど，さっき言ったように，3年生のはじめの頃はずっと観察型の勉強が続きました。だから，3年生で初めて理科の勉強をするんだから，どちらの勉強の仕方も初めのうちにやっておけば，これは仮説を立てて考えた方がよいなとか，これは観察していく中で考えた方がよいなとかわかるようになると思ったからです。それから，教科書では観察型の勉強がたくさんあって観察型中心のカリキュラムになっているのかなと思ったんだけど，私は仮説検証型の勉強をカリキュラムの中心にしたいなと思いました。仮説を立てて実験とかをして仮説を確かめるというやり方は，たくさん考えなくちゃいけないと思うからたくさん考えるような勉強中心のカリキュラムの方がためになるしおもしろいかなと思ったからです。

　私もCさんと似ていて，3年生のはじめの頃に観察型の勉強仮説検証型の勉強が交互にくるようにしました。6月になると雨も多くなるから，雨が降って外に出て観察するような勉強ができない時には教室で実験をするような勉強ができるようにしたんだけど，6月にそういう勉強ができるようにするためには，まず3年生のはじめにどちらの方の勉強もやっておいた方がよいと思ったからです。それから，私が3年生の理科の勉強で一番心に残っているのは太陽の勉強なんだけど，太陽の勉強も「しょくぶつを育てよう」のように夏と冬に分けてみました。太陽の勉強が心に残っているのは，夏と冬で太陽の高さが違うというのにびっくりしたからなんだけど，そういうふうに比べることができるようにするためにも，太陽の勉強は一回で終わりにするんじゃなくて，夏と冬に分けてやってみるのがよいと思いました。「ゴムや風でものをうごかそう」はそんなに続けて長い間やらなく

てもよいと思うから，たとえば太陽の勉強のように，分けて長い間やらなくてはいけない勉強の間にできると思ってそうしました。

　子供たちは，この話し合いをもとにして自分のカリキュラムについてもう一度見直し，修正を加えて完成させていった。子供たちは，単元ごとの学習のつながりだけではなく，他教科との関連まで考えたクロス・カリキュラム的な意識や「仮説検証型か観察型か」というような問題解決のための思考の道筋についての意識を持ちながら学習に取り組んできたことがわかった。

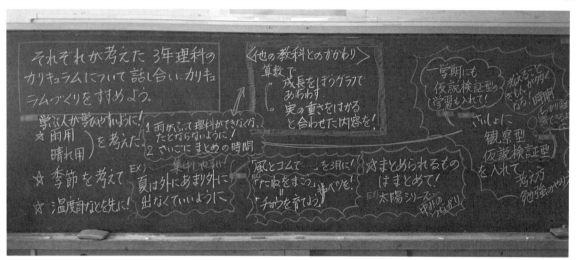

7　評価について

　子供たちがまとめたカリキュラムやこれをもとにした話し合いの様子から，どのような知識・技能を各単元の大切なこととしてまとめているかについて評価する。さらに，教科書のカリキュラム上に計画された単元をどのように入れ替えたりどのようにつなげたりしたかを見ることで，一人ひとり子供の科学的なものの見方や考え方がどのように発揮されどのように育っているのかをとらえることができる。また，他教科との関連まで視野に入れてカリキュラムを構想している場合などには，教科のわくにとらわれることなく自らが身に付けてきた力を問題解決の状況に応じて発揮しようとする，学びに向かう力・人間性等に関してもとらえることができる。

（佐藤　卓生）

11 神石牛を有名にしよう

1　単元の概要

　本単元の提案は，実行場面の充実と，中間での子供相互の話し合いによる吟味活動が，探究の質を向上させるということである。さらに言えば，友達の考えを吟味していくことを通して自分の考えも吟味されていくということである。

　本校第6学年の子供は，総合的な学習の時間において，学級で一つの課題を設定し，解決を目指す経験をしてきた。しかし，個人に目を向けてみると，友達が言うことにただ従うだけだったり，活動する意義を見いだせていなかったりする実態があった。

　そこで本単元では，共通の大きな課題解決（神石牛を有名にする）ために子供が持った問いごとにチームをつくり，地域と協働して，探究を進めていけるように考えてデザインした。

　肉用牛としておよそ100年の歴史のある「神石牛」を題材に扱い，地域の課題を子供自身が引き受けて，解決策を地域の方々と協働して模索していく学習をすることで，以下に示した資質・能力が育まれると考え，本単元を設定した。

2　本単元で育成を目指す資質・能力

〔知識及び技能〕

・地域には，畜産業の課題を引き受けて，様々な工夫をしている人たちがいることを知る。

・解決を目指して問題に取り組んでいく探究的な学習のよさを理解することができる。

〔思考力，判断力，表現力等〕

・神石牛を有名にするために何をすべきか問いを見いだし，探究的な見方・考え方を用いて，自分で課題を立て，情報を集め，整理してまとめ，発表することができる。

〔学びに向かう力，人間性等〕

・神石牛を有名にするために何をすべきか問いを見いだし，主体的・協働的に課題の解決に取り組み，学習したことを自己の生き方に生かし，積極的に次の課題に取り組もうとする。

3　授業のねらい

　探究活動の途中成果の発表をすることで，互いに吟味し，探究の質を上げるようにする。

4 単元の流れと指導計画（全30時間）

時	学習活動と主な子供の発言（C）
1〜4	**神石牛の牛舎見学に行こう！** C：神石牛は大人しくてかわいいね。肥育農家のOさんやIさんの話を聞いてみよう。 【肥育農家の話】経営で難しいのが，子牛の値段が上がっていること。エサもアメリカからの輸入に頼っている。周りがしんどいじゃろうと言うけど，私は，牛が大好きだから，どんなことでも辛抱できる。いい肉が作れるとやはり嬉しい。楽しみながら仕事をしていくことが大事だと感じている。町も，神石牛を応援してくださっているので，しっかり育てて全国に100年以上続く歴史ある神石牛のおいしさを知ってもらいたい。 T：インターネットで人気の牛ランキングがあるけど，神石牛は何位だと思う？ C：神石牛はランキング外なんだ。もっとアピールして知らせないと。 C：Oさんは，牛を大切に育てている。神石牛を有名にするために何かできないかな？
5〜10	**Oさんのためにできることを考えるために情報収集する。** C1：調べてみたら，エサの工夫をしている所があったよ。 C2：もっとアピールする作戦を考えないと。 C3：都会の若者たちがIターンで神石高原町に来て神石牛に興味持ってくれないかな。 C4：神石牛を使った新商品を開発できないかな。
11〜13	**集めた情報をもとに取り組む内容を決める。** C1：僕たちは，他の地域で残菜をエサにしている所があることを発見したから，Oさんに提案したよ。でも，エサにいろいろな物が混ざるとあまりよくなくて，よほど計算しないと牛の命に関わるんだって。エサを工夫するのは難しそうだ。 C2：アピールするのに，神石牛ソングやキャラクターグッズを作ったらどうかな？ C3：動画を作成し，関東の学生に肥育のよさを伝えたらIターンが増えるかもしれない。 C4：新商品を開発するなら，ハンバーガーが1番肉の味がアピールできていいかも。
14〜24	**取り組み内容の実行に向けて準備をする。** C1：エサの工夫は難しいけど，肥育農家の人がそれだけ思いを持って仕事に取り組まれていることをいろいろな人に伝えたいな。 C2：キャラクターグッズを作るのに，地域の方を自分で講師として呼ぶぞ。 C3：神戸牛と神石牛を間違えて買ってしまったら美味しかったという動画を作ろう。 C4：ハンバーガーを作るために，地域のパン屋やレストランに協力をお願いしてみよう。 **中間発表会を開き，目的に照らして活動内容を吟味する。（本時）**
25〜30	**道の駅での販売活動や東京の学生を小学校に招いたPR活動を実行し，振り返る。** 【子供の振り返り（一部抜粋）】私は神石牛を有名にするために，グッズを作って販売して宣伝しました。最初は，うまくいかなかったら，神石牛を育てている方たちの思いはどうなるのかな？と思っていました。それにグッズを作るなら何がいいのか，材料は何を使うのか，値段はどうするのか，誰に教えてもらうのかなどたくさんの問題が出てきました。一番うれしかったのは，地域で小物づくりをされている方に先生になってもらえるか尋ねたところ，快く引き受けてくださったことです。神石牛を有名にしようと，学級のみんなが努力して，地域の人も本当に協力してくださりました。おかげで大成功でした。このように，最後まで考えたことをやりきることが大切だと思いました。

5 本時の学習指導案（第19時／全30時間）

時間	子供の学習活動	教師の指導・支援
12分	1　成果の中間発表会をする。 　取り組んだ成果の中間発表会をしよう！ ※Cの番号は，単元計画のチームと対応させている。 C2：キャラクターグッズの方は，緊張したけど地域の人に頼んだら教えてもらえることになって，牛のストラップを作ろうとしています。悩んでいるのは，神石牛ソングを作っているけど「この牛何の牛，神石牛。名前も知らない神石牛…」という歌詞の続きをどうしたらいいか悩んでいます。（他チームも同様に中間発表する。）	・中間発表の意図は，活動の見直しにあることを告げ，発表の体裁よりも取り組みの成果や悩みを発表するようにさせる。 ・1チーム3分程度で，取り組みの発表をさせる。 ・予め悩みを持っている子供と打ち合わせをしておき，悩みを全体の前で発言させる用意をしておく。
12分	2　神石牛ソングチームの悩みを検討する。 C1：名前を知らないというのは何か寂しい感じがします。なんで名前を知らないと入れたのですか。 C2：「おしい！広島県」のようにマイナスなことを言っておいて，宣伝しようと思ったからです。 C4：どういうテーマの歌詞にしようと思ったのですか。 C2：神石牛は知られていないけど，実はとてもおいしい牛肉であることを伝えたいです。 C1：おいしいお肉にするために農家の方が努力されていることを入れたらどうですか。 T：今の話し合いの中のおたずねで，目的を明らかにしようとする発言がありましたね。C2は，実はとてもおいしい牛肉であることを伝えたいという目的を持っていました。みんなは，C2のように目的を意識してさらに中身を検討してみましょう。	・悩みの検討の際には，始めに質問をさせ，その上で改善案を発表させる。このことで，目的を意識して内容を検討するよさに気付かせる。 ・目的を持ち，活動内容を考えているよさを評価し，他のチームも同様に目的が意識できていたか考えさせる。
18分	3　チームで目的と活動が合致していたか話し合う。 ※ここでは動画チームの話し合いの様子を示す。 C3：僕達の動画チームの目的は学生にIターンで町に興味を持ってもらって，肥育農家を増やすことだったよね。 C3：それには他県の牛と比べた時の神石牛のよいところをもっと動画の中に入れたらいいと思う。 C3：肥育農家さんが仰っていた，神石牛の歴史も入れたらいいんじゃないかな？	・模造紙を配付し，中心に自分たちが考えていた目的を書かせ，その周囲にそのためにできるアイディアを書かせる。
3分	4　本時の学習を振り返る。 C3：動画を作っていたら，動画作りが楽しくて，目的を忘れていました。目的は東京の学生に神石牛の肥育に興味を持ってもらうことなので，もう一度内容を見直します。	・振り返りシートを配付し，振り返りを書かせる。見直そうとしている姿を評価する。

6　本時の授業展開例

　単元終末の実行場面についてである。

　子供にやり切ったという実感があってこそ，資質・能力は育まれるものと考える。そこで具体的な実行場面を子供と設定していった。

　左下の写真は，単元終末の活動の様子，右下の写真は，道の駅での神石牛ハンバーガーや，神石牛キャラクターの販売会，もう一つは関東地方の学生へ肥育農家として I ターンを促すPR活動の様子である。関東の学生とはテレビ電話で交流したり，実際に学校に足を運んでもらったりした。

　具体的な実行場面を設定することで，それぞれの活動を成功させるために，子供たちが主体的に物事を進めていくことができた。

　本時は，上記の実行場面に向けた中間発表会である。

　子供たちは，ここまでに取り組み内容ごとにチームを組んで，5時間活動をしていた。子供たちの中には，探究が思うように進んで，成果を発表したいという思いを持っている子や，活動の停滞を感じていてどのように進めていったらよいか悩んでいる子がいた。また，活動のみに興味がいってしまい，本来の目的を忘れている子もいた。そこで中間発表会を設けて互いに助言し合うことで，探究の方針を修正していくことにした。

　まず，チームごとに中間発表をさせた。短めに，何がどこまで進んで，今後どうしようと思っているかを発表させた。以下のような発表内容である。

子供A：私たちは，東京の学生の I ターンをねらった動画を作っています。今，第1話を作っていますが，服装や小物の準備をこれからしていっていい作品に仕上げようとしています。途中までですが実際の動画を見てください。

次に，中間発表で神石牛ソングチームが打ち明けた歌詞が浮かばないという悩みを取り上げ，どうすればよいか話し合わせた。このチームを選んだ意図は，歌詞を考えさせることで，目的を意識させることができると考えたからである。

　そして，本時の中心である，同じチーム内での話し合い活動である。ここでは，目的と活動が合致していたかを話し合い，活動内容を見直していくことを中心にした。模造紙を用意し，まず目的が何だったかチームの中で話し合う時間を取り，その上で具体的な内容の改善方法を残りの模造紙のスペースに書き込んでいくことにした。

　最後に振り返りを書かせた。動画作成チームは，東京の学生にＰＲするために動画を作成したことを説明し，動画を再生した。しかし，動画の内容は，神石牛を有名にするのには効果がありそうだったが，Ｉターンを薦めるという本来の目的からするとずれた内容のものであった。神石牛と他県の牛の比較を取り入れたり優れている点について動画に取り入れることで，目的を達成しようと方向修正することができた。

7　評価について

　子供の学習を探究的にしていくには，一つは形成的評価が重要と考えている。そのために，振り返りシートを開発した。

下のような枠をＡ３用紙に６個用意し，毎時間の最後に振り返りを書かせた。左枠は，本時の自分の取り組みとこれからの課題，右枠には，本校で設定している資質・能力の発揮を振り返る欄にしている。子供の記述を読み，評価を書き加えることで，資質・能力の発揮を評価したり，時間内では見取りきれない子供の探究の様子をつかんだり，次時の活動に向けて方向付けたりするのに活用した。

　もう一方で学習を総括してどのような資質・能力が育ったか評価する必要がある。今回は，単元最後に書いた振り返りと，探究のこれまでの姿とを関連付けて評価した。次の振り返りを書いた子供Ａがいた。

> 　ぼくは，…神石牛を有名にしてほしいと思っている地域の人たちがいるから取り組んで行こうと決めました。…ハンバーガー作りをして，実際にお客さんが来てくれるのか不安でした。でも開始８分で50個のハンバーガーが売れておどろきました。販売した達成感がよかったです。取り組んでよかったと思いました。
> 　でも，神石牛を有名にするためにいろいろがんばってきたけど，本当に有名になったのかと思いました。

　この子供Ａは，ハンバーガーの販売を成功させるために，レストランと連携したり，休日も近所を廻ってチラシを配ったりしていた。しかし，活動を起こしただけでは満足がいかず，自分たちの取り組みにより「神石牛が本当に有名になったのか」を考えている。これは，中間発表を通して獲得した「目的を達成する活動になっているか」という視点が，生きていたからだと考える。

　本物の主体性とは，子供Ａのように，こうだと決めて具体的に活動しつつも，実際にそれでよかったのかと問い続ける姿として表れるのだと思う。また，子供のこういった姿が発揮されるのも，具体的な実行場面があり，実行場面に向けた話し合い活動が展開されるからだと考える。この子供Ａの考え方のよさを他の子供たちと共有して，単元を終えた。

（飯干　　新）

12 パラリンピックがやってくる
―パラリンピックの未来について語り合おう―

1　単元の概要

　「アスリートの祭典としてのパラリンピック」を授業で取り上げた。本校の子供たちが抱いているかもしれない「弱者としての障がい者像」を塗り替えることを意図した。子供たちは2016年9月初旬に開催されたリオ・パラリンピックを機にパラスポーツの本物感に衝撃を受け，魅了された。大会期間中は毎日教室でハイライト動画をチェックし，結果に一喜一憂した。ルールを知り，勝敗の予想や注目選手の動向も皆で共有した。授業外でも話題に上るようになり，調べたいことがふくらんでいった。単元後半は，パラスポーツが抱える難しい課題について考えた。特にスポットを当てたのは，ドイツの義足ジャンパー（走り幅跳び），マルクス・レーム選手。健常者の大会で優勝するも，一般選手から「義足の反発力が影響している」と抗議にあい参考記録扱いとなる。望んでいたオリンピックへの出場も叶わなかった。その是非について子供たちに問いかけた。彼らはリオ・パラリンピックにおけるレーム選手の活躍を知るだけに，切実感を持って意見をぶつけ合った。

2　本単元で育成を目指す資質・能力

〔知識及び技能〕

・パラスポーツの工夫や魅力を知り，選手や関係者の心情に共感することができる。

・グラフ資料等複数のデータを正確に読み取り，議論の中で適切に用いることができる。

・社会において解決できていない課題の特徴をとらえることができる。

〔思考力，判断力，表現力等〕

・競技，障がい，選手や関係者の心情等について複数の視点から調べ学習を進めることができる。

・図を使い，他者の意見と自分の意見を比較できる。

・根拠を持って自分の立ち位置を表現することができる。

〔学びに向かう力，人間性等〕

・次期オリンピック・パラリンピックを開催する国の当事者として課題に向き合い，パラスポーツをどのように位置付けどのように発展させるのか，そしてどのように関わっていくのかという見方・考え方を持つことができる。

3 授業のねらい

走り幅跳び選手のおかれた立場を正確に理解してその処遇についての是非を問う中で，様々な資料を根拠として用い，よりよい解決のアイディアを生み出そうとすることができる。

4 単元の流れと指導計画（全14時間）

第1次　パラリンピックを知る

時	主な学習活動
1・2	特別なルールを知り，注目選手を知る ・パラリンピック特有のルールや，特別な競技について情報を共有。競技観戦とともに，調べ学習を充実させる。
3〜5	競技を観る ・朝の会・帰りの会の時間を使い，毎日「前日のハイライト」をチェック。

第2次　選手や関係者の思いを知る

時	主な学習活動
6・7	パラリンピアンの思いを知る ・「自己の障がいについて，どう考えているのか」というテーマにしぼって担当を決め，多くの選手のコメントを集める。困難や絶望を乗り越えるだけでなく，他の障がいを持つ人々を勇気づけるという目的を持っている選手や，純粋にアスリートとして勝利を追求している姿を知る。
8・9	支える人々の思いを知る ・義肢装具士臼井二美男氏について調べ，一人ひとりの心に寄り添おうとする姿を知る。

第3次　問題点について語り合う

時	主な学習活動
10	問題点を知る ・自主学習を中心に，パラリンピックが抱える問題点を調べ，共有した。
11	ドーピングが起こりやすい環境であるという問題についての討論
12	義足のジャンパー，レーム選手についての討論（**本時**）
13	オリンピックとパラリンピックの統合についての討論
14	東京オリンピックに望むこと・単元のまとめ

5 本時の学習指導案（第12時／全14時間）

時間	子供の学習活動	教師の指導・支援
10分	1 動画①（パルティカ選手）を観て，障がいがあっても実力があればオリンピックで活躍できることを知る。	・動画①（ポーランド卓球女子代表のパルティカ選手）を観せ，実力があればオリンピックに出られる事例に出合わせる。 ・パラリンピック走り幅跳びレーム選手の記録がオリンピック記録に拮抗してきている表を用意し，健常者を抜く可能性を理解させる。
	課題 「レーム選手はオリンピックに出場するべきだ」という題目で，YesとNoに分かれて話し合おう。	
10分	2 レーム選手のオリンピック出場に対して「Yes」「No」をマグネットの位置で表明し，その理由を話し合う。	・黒板の表に名前マグネットを配置し，自分の立場を視覚化する。中央からの距離で意見の偏り度合いを表す子供を価値付け，広げる。
20分	3 動画②を観て，レーム選手の努力や科学的根拠などを知り，再度「Yes」「No」を表明し，理由を話し合う。	・動画②（レーム選手の抱える問題についてまとめられた動画を編集したもの）を観る。 ・出場を認めなかった世界陸連の思いと，レーム選手の思いを両方読み取り，どちらにも一理あると感じられる状態をつくる。 ・名前マグネットの移動を認め，その真意について問いかけることで，子供の葛藤を引き出す。
5分	4 自らに起こった認識の変化や深化について，振り返りを書く。	・対立項だけではなく，第三の方法を見いだそうとする子供がいた場合にはとりあげて光を当てる。 ・マグネットの移動があった場合にはその理由を，動かなかった場合でも深化の理由を記すよう指示を出す。

6 本時の授業展開例

　ある選手の写真を見せた。卓球女子ポーランド代表の
パルティカ選手である。生まれつき右腕のひじから先が
ない。2016年リオデジャネイロではオリンピックとパラ
リンピックの両方に出場した。オリンピックの団体戦で
日本の福原愛選手と互角に戦っている動画①を観せると，
子供たちは一様に驚いていた。

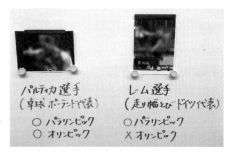

　実力があれば，健常者とともにオリンピックの舞台で戦えることを押さえた後，もう一枚の
写真を見せた。パラリンピック走り幅跳びドイツ代表のレーム選手である。彼の記録はここ数
年で飛躍的に伸びている。国内では健常者も合わせた中でトップ。オリンピックの世界記録ま
であとわずかである。子供たちは，レーム選手もオリンピックに出られたのかどうかが気にな
っていた。「オリンピック出場は認められませんでした」と伝えると，騒然とした。ただし，
冷静な子もいる。義足がバネの形をしていることを指摘し，出るべきではないと唱える子もい
た。自然と賛成反対に分かれ始めたところで課題を確認した。

> 課題　「レーム選手はオリンピックに出場するべきだ」という題目で，Yes と No に分か
> 　　　れて話し合おう。

　ここで，先ず各自の立場を視覚化した。Ｔ字で左右に分けた表を示し，子供たちの名前が書
かれたマグネットを配置させた。ファーストインプレッションではやはり Yes の子が大半を
占めていた。なぜ出場できなかったのか知りたいという欲求が高まったところで，7分ほどの
動画②を時おり区切りながら紹介した。

> ・レーム選手が14歳の時に事故で片足を失ったこと。
> ・ストイックな練習風景。
> ・国際陸連からはバネの反発力が有利に働いていないことを証明しない限りは健常者と
> 　同じ土俵で戦えないと通告されたこと。
> ・義足の反発力調査の結果，助走はわずかに不利で，ジャンプは大幅に有利だったこと。
> ・義足作製会社の見方として，義足を装着したから跳べるものではないという考え方。

　子供たちは，新しい情報を得るたびに揺さぶられた。見終わった途端に「先生，マグネット
の位置変えてもいいですか」と訴える子もいた。変更後，話し合いが始まった。

賛成派Ａ：初めは障がいを克服してすごいって拍手していたのに，健常者に記録が近づいてきた途端そっぽを向くのは卑怯だと思う。

賛成派Ｂ：せっかく障がいを乗り越えてチャレンジしているのに，それを認めないなんて残念。

否定派Ａ：でも，ブレードの反発力がないとあんなに跳べないわけで。

賛成派Ｃ：義足をはいたからって跳べるものではないって技師装具士さんが言ってたでしょ。

否定派Ｂ：それはわかってる。レーム選手の努力が相当だということは認める。でも，ブレードの能力が上がり続けると，記録はまだまだ伸びるよ。

賛成派Ｄ：努力してるんだから別にいいでしょ。

否定派Ｂ：いや，健常者の世界では世界記録が20年も更新されてない分野なんだよ。かなり限界の記録なのに，障がい者が軽々超えていくのはちょっと…。

　賛成派はレーム選手の心情に寄り添うことを最優先している。レーム選手はこう言う。「私はオリンピックで競技がしたいだけだ。義足をつけたいわけではないが，それしか方法がない。それがだめだって言われるなら僕はどうしたらいいんだ」。子供たちは彼の不屈の姿への敬意を持っている。他方，否定派もレーム選手への敬意は持っている。しかし，データ上放置できないと訴える。このまま道具の開発が進めば，健常者がどれだけがんばっても太刀打ちできない時代がやってくると対抗する。何度か小さなグループでも話し合いながら自分の意見を整理していった。そんな中，ある子供の発言で潮目が変わった。

否定派Ｅ：パルティカ選手は道具を使っていないけどレーム選手は道具を使ってるよね。

ク ラ ス：…確かにそこは決定的に違う。

否定派Ｅ：もう一つ，検証実験の結果，「①ジャンプでは義足が有利，②助走はわずかだけ不利」ってなっていたけど，これってもう少ししたら助走でも健常者を抜く可能性があると思う。そうなると，はっきりと義足が有利になるよね。

　頭を抱える子供も出てきた。もう一度現在の自分のマグネットの位置を更新させた。そうすると，先ほどとは全体像が大きく変わり，「ＮＯ」が増え，境界線付近に人数が集まった。子供たちの迷いが表れていた。そのうち，何とかしてこの問題を解決する方法がないかという方向に意見が動き出した。

　・ブレードの反発力を健常者の機能に合わせるように規制してはどうか

　・障害の度合いに応じて助走の距離を変えてみてはどうか

　・健常者も最新のブレードと同じ反発力が出せる靴を履くというのはどうか

　しかしどれも現実味が薄く，同じ土俵で戦うのは難しい現状がわかってくる。

その中で，最後の子供の意見は秀逸であった。「オリンピックとパラリンピックを統合して，全員オリンピアンになればどうか」というものであった。子供たちにとっては思いがけないアイディアだったが，そういう形でならレーム選手をオリンピアンにすることができるという納得感が生まれた。実際に世の中でもそうした案が出ている。「東京大会」ではまだ実現はしないが，そう遠くない将来には本格的にそちらへ動く可能性もある。

子供たちの話し合いはいつまでも続きそうであった。感情的に考えていた賛成派は，より科学的な情報にも目を向けるようになった。一方で否定派は賛成派の感情に寄り添った。終盤は自然な流れで「第三の案」を考えようとする子供たち。もはや二項対立ではなく，全員で解決策を紡いでいく様子がたくましく感じられた。来る2020年，東京大会には自分なりの見方・考え方を持って関わってほしいと願う。

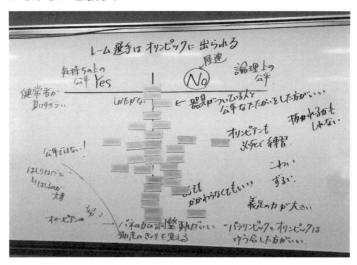

7　評価について

ほぼ毎時間書かせた「ふりかえり作文」を評価対象とした。①自分の中に起こった変化，②影響を受けた仲間の発言の2点が含まれていることが条件である。下の文は子供たちの振り返りの一例である。こうした意見を受けて，次の時間には，大会統合についての討論を企画した。

> 今度こそ迷います。最初は健常者が負けず嫌いなだけだと思っていましたが，今は違います。気持ちの上の公平では「Yes」だし，論理上の公平では「No」です。T君が言うように，公平が両立しないのが一番の悩みです。世の中には正解がないことの方が多いのかも知れません。多くの人が納得できる第三の案が出せればよいのですが，今はH君の言った統合案に興味があります。もう少し考えてみないと，うまくいくのかがわかりません。

（野村　真一）

13 プログラミングをして作ろう！

―プログラミングで自分の世界を広げよう！―

1　単元の概要

　初等教育におけるプログラミングの学習は，各種命令（コマンド）の意味を覚えさせたり，プログラミング言語の文法を理解させたりすることが目的ではなく，時代を超えて普遍的に求められる力としての「プログラミング的思考」を育成することが目的である。この「プログラミング的思考」とは，意図する一連の動作を実現するためにはどのような動きの組み合わせが必要であり，一つ一つの動きに対応した記号を，どのように組み合わせたら意図した動作に近づくのかを論理的に考えていく力のことである。そのためには自分の意志を直接コンピュータに伝えることで，指示通りにコンピュータが様々な表現や演算を出力することや，自分が指示した手順に沿ってコンピュータが手続き通りに動作することを体験することが大切である。

　今や様々なプログラミング教育ツールがあるが，今単元では子供の自分らしい世界を表現しやすいと考え Scratch2.0[1] を利用することとする。子供たちがオリジナリティのある自分らしい世界を，見通しを持ち試行錯誤しながら作り上げる体験を通して，情報の科学的な理解を向上させ，「プログラミング的思考」を養っていきたい。

2　本単元で育成を目指す資質・能力

〔知識及び技能〕

・コンピュータの簡単な操作をすることができる。

・簡単な命令をプログラムで表すことができる。

・簡単なプログラムの組み立てができる。

〔思考力，判断力，表現力等〕

・試行錯誤を繰り返しながらプログラミングをすることができる。

・自分の作品を見て，思った通りの動きができているか判断できる。

・自分なりの作品を創造することができる。

〔学びに向かう力，人間性等〕

・仲間の作品やプログラムのよさを認め合うことができる。

・仲間のプログラムのよさを自分に取り入れることができる。

3 授業のねらい

自分なりの作品を目指して，見通しを持ち，仲間の考えのよいところを取り入れたり，プログラミングし動かすことを何度も繰り返したりしながら，プログラミングをすることができる。

4 単元の流れと指導計画（全7時間）

第1次　プログラミングをしてみよう

時	主な学習活動
1	ブロックで動かそう ・プログラムとはどのようなものか，プログラムをなぜ学ぶのか考える。 ・Scratch2.0の起動方法や各部の機能を理解する。 ・命令の配置方法と実行方法，作成したプログラムの保存と読み込みの方法を理解する。
2	絵本を作ろう ・背景の描き方と，切り替えの仕方を理解する。 ・絵本，紙芝居，クイズを作る。
3	模様を描いてみよう ・ペンの使い方を理解する。 ・幾何学模様の作り方を理解する。
4	音楽を作ろう ・音の使い方を理解する。 ・繰り返し処理を使って作曲をしてみる。

第2次　自分の世界を広げよう

時	主な学習活動
5	自分の作りたい作品を決めよう ・自分の作りたい作品を決め，作る。 ・グループに分かれて教え合いながら自分の作品を作り，Word にプログラムの仕組みを記入する。
6 （本時）	作りたいものを目指して作ってみよう ・それぞれの作品を見せ合う。 ・グループに分かれて，自分の作品を作る。 ・共有フォルダに部品を保存して，プログラムを共有する。
7	発表会をしよう ・それぞれの作品を見合い，よい作品を選び視聴する。 ・発表された作品のよいところを見つける。 ・自分の作品を見直して改良する。

5 本時の学習指導案（第6時／全7時間）

時間	子供の学習活動	教師の指導・支援
7分	1　何を作ってみたいのか確認する。	・どのようなものを作ってみんなに見せたいのか，前時までに話し合いを行う。 ・作るものを思い出して，どのような仕組みでプログラムを動かすのか見通しを持たせる。
	課題　作りたいものを目指して作ってみよう！	
10分	2　どのようにプログラムをしたら自分の思うような作品が作れるのか考えてプログラミングする。	・どのブロックをどのようにはたらかせればよいか，見通しを持たせる。 ・グループで話し合いができるように，席を近くにする。 ・どのような動きをさせたいのか問うことによって，どのプログラムを使えばよいのか考えさせる。
15分	3　動かしながらプログラムを修正する。	・プログラムを全部行うのではなく，試しながら少しずつ改善していくことができるように声かけをする。 ・タブレットを利用して，自分の作品に使う曲の楽譜などは積極的に調べるように促す。 ・プログラムを作ると同時に，Word を利用してプログラムの説明を文章で書くようにする。 ・どのプログラムがどの動きとなっているのか考えさせるために，「今の動きはどの部分かな」と問い，問題点に気付かせる。 ・仲間のよいプログラムを共有フォルダに入れてもらって利用できるようにする。
5分	4　仲間の課題を解決するための方法をグループの中で見合う。	・グループの中の仲間がどんなアイデアで作品を作っているのか考えながら見ることができるようにする。
8分	5　仲間の作品を見て，もう一度自分たちの作ったプログラムを振り返る。	・仲間の作品の説明を聞いて，どのような仕組みでプログラムを書いているのか考えさせる。

6 本時の授業展開例

前時までに決めた自分の作りたい作品を確認した。今まで学習した中から作る作品を考えた結果，以下のグループに分けられた。

・絵本
・図形
・音楽
・ゲーム

自分の作りたい作品を作るための見通しを持たせるために，本時までに作ったところまで発表をしてもらった。自分の作ったプログラムの説明を Word を利用して文章に書いていたので，印刷して説明する時に利用した。

子供A：猫を10匹作り，旗がクリックされたら猫が動くようにして，スペースキーを押すと図形が消えるようにしました。

ずっと動くようにして，最初にペンをまず下ろして色を10ずつ変えるようにしてカラフルにしました。

その次にペンの太さを変えて図形をうまく見せるようにしました。

その次にぼくの場合0.1秒で猫が中心に戻るようにしました。2匹目のスプライトでは0.2秒で中心に戻るようにして，見てわかるように図形がずれていきます。

その次に猫を100歩動かして20度回すようにして，1匹ごとに10度ずつ変えていきました。だからこのような図形ができました。

これは時間がたつと中心が円のような丸い形ができるように工夫しました。

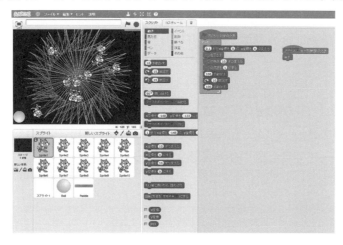

教　師：なぜペンを1にしたのかや，10度ずつ変えたのかなどいろいろな工夫を話してくれましたね。何か取り入れたいことはありましたか。

　この他のグループの子にも一人ずつ発表をしてもらった。どのようなプログラムを作れば作りたい作品になるのかや，取り入れたいプログラムなどを考えて見通しを持てたか確認をした。

教　師：自分のプログラムがどのような仕組みで動いているのか，自分で考えることが大切です。Wordでプログラムの仕組みを書いていますね。それを確かめるにはどうしたらいいでしょうか？　他の人がこの文章を読んで作れるかどうかということです。

　グループごとに集まった席に座り，近くの仲間と自由に交流できるようにして，それぞれの作品を作り始めた。
　自分の作品を作り始めると，プログラムで入れたい曲がある子の中で，階名が知りたいという子供がインターネットで調べるためにタブレットを利用したいと話したので，個人で所有しているタブレットも自由に利用してもよいことを確認した。
　また，仲間の作った曲を入れたい，動きを真似したいという子供には，その子の所に行って共有フォルダの中にプログラムを入れてもらえるようにお願いしてくるように促した。
　グループの仲間の作品を見せてもらい，欲しいプログラムを共有フォルダに保存してもらって，利用できるように促した。
　作品作りで困ったことがある子たちは教師に聞くだけでなく，仲間と話し合う姿が見られ，聞かれた子供も丁寧にどのプログラムがどのような動きとなって現れているのか説明することができていた。
　自分の作品が完成に近づいた子にはプログラムによる動きの説明を仕上げるように指示した。
　全員が自分の作品を発表する場面を設定するため，まずグループの中でお互いの作品を見る時間をとった。
　グループで発表した後に全員で集まり，グループごとにみんなのおすすめする作品を発表してもらった。

子供B：東京オリンピックがあるので，オリンピックのマークを猫が書くようにしました。これだけではさみしいので，音楽のプログラムを友達からもらって付け加えました。
　　　　スペースキーを押すと図形が消えるようにし，何度もオリンピックマークが書けるようにしました。

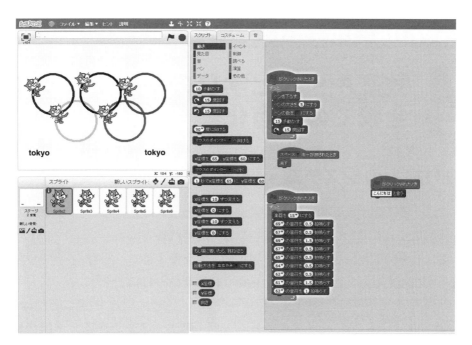

教　師：友達のよいところを取り入れながら作品を作ることができていました。別の人のプログラムの仕組みを書いた文章を読んで，自分のプログラムに生かすことができましたね。それは，今回学習をしたことによって，英語が話せる人と話し合いができるということと同じ力が，プログラムでもできる力として身に付いたということです。

7　評価について

第1次では，作ろうとしているプログラムが組み立てられているのか机間指導を行う中で確認していく。その中でどのプログラムがどの動きとなっているか問いながら，理解できているかや，自分なりの工夫をしているのかを評価していく。

第2次では，子供たちには自分の作品を共有フォルダに保存するように指示をする。その時に自分の名前をファイル名に付けることも指示しておく。共有フォルダに保存することによって，いつでも作品を開き評価することができる。

また，教師だけでなく仲間同士でもプログラムを開くことができ，お互いの作品を見合うことができるようになる。

単元の最後にはできた作品の鑑賞会を開き，自分の願うような作品ができたか，またそのために試行錯誤しながら工夫して作品を作り上げることができたのか，お互いに評価し合ったり，教師だけでなく自分でも評価をしたりすることができるようにする。

（近藤　敦至）

---

1 ）この単元で使用した Scratch は MIT メディア・ラボの Lifelong Kindergarten グループによって開発されました。詳しくは http://scratch.mit.edu をご参照ください。

14 教室ルールと学びのルーブリックの全校での共有化

1 取り組みのシステム・環境づくり

　川崎小学校は，どこの学校でも無理なく実現できる方法を確立することを前提に，子供相互の関わりを大切にする集団づくりをもとにした教育を実践している。

　平成24年度より教師の秘伝を活用して，学んだことを使える力，思考力・判断力・表現力・創造力，人と関わる力などの汎用的な能力を養う教育を積み重ねてきた。

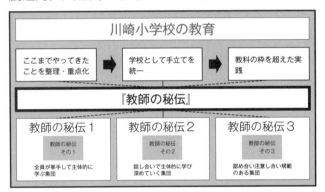

　川崎小学校の教育の基盤は「教師の秘伝1〜3」である。教師の秘伝1は，「全員が挙手して，主体的に学べる集団づくり」，教師の秘伝2は，「話し合いで主体的に学び深めていく集団づくり」，教師の秘伝3は，「認め合い，注意し合い，規範のある集団づくり」である。

　教師の秘伝1の「全員挙手」は，すべての取り組みの基本であり，これが崩れてくると，川崎小学校の教育の根底が失われていく。全員挙手は，全員が正解を発言することではなく，全員が学習に参加する手段である。子供が挙手して発言しようとすることで，授業に集中しているかどうか容易に判断できる。一人でも挙手できなければ，原因を探って，挙手できるようにして，学習に参加させるのが，教師の役割であり，子供に対する責任であると考えている。

　全員挙手の実現は困難だと思っている教師は，少なくないのではないだろうか。しかしながら，やり方次第で可能になることを示しているのが教師の秘伝である。

　ある3年生の子供が「自分は緊張するので手を挙げて発言するのは苦手だったけど，どうしたら緊張しないか発言している人の様子を観察して，まねをしてみたら落ち着いて発言できるようになった。そして，今では発言することが楽しくなった」と話していた。

　実現のためには，「間違いをバカにしない」「なんでも気軽に発言できる」「わからない時は教えてもらったり気軽に相談したりできる」「発言が途中まででも，誰かに代わってもらえる」受容的な集団づくりと，「発言できない子の個別に抱えている問題に慎重に対応する」教師の努力が必要である。

教師の秘伝には「発言に抵抗がある児童には，少しずつ自信を持たせます。最初は，手を挙げるだけもよいのです。前の発言と全く同じ内容でもよいです。近くの人に丸ごと教わったことを発言してもよいです。言おうとして，忘れてしまったら『忘れました。』で終わってもよいです。発言の途中でだれかに代わってもらってもよいです。そして，少しでもこれらができたときは，褒めることフォローすることが大切です」と記述されている。

　その上で，全校共通の取り組みとすることが，全員挙手を可能にするための大きな要素となる。どのクラスでも，自然に全員が挙手して当たり前という雰囲気が学校全体でつくられることで，全員挙手という意識が子供に浸透していくからである。

　教師の秘伝2は，問題解決の話し合いで思考力・判断力・表現力・創造力などの汎用的な能力を養うこと，子供の生活経験や価値観などに基づく多様な考えを出し合い，協働して共通の考えをつくり出し，多様な考えや立場の違いを理解し認め合う態度を培うことを目指している。

　教師の秘伝には「話し合いでは，単に知識を出し合う表面的なものに終始することなく，児童の価値観，生活経験，本音を出させることが大切です。学習内容を主体的に受け止め，自分との関わりから深く考え，生き方・考え方に触れられる授業を目指します。学習問題に対しての考えをまとめることだけが目的ではなく，学習を通してたくさんの情報をつなげて多面的・多角的に考えていくこと，多様な考え方を知ることなども大切な学びであると常に意識しておくことです」と記述されている。

　教師の秘伝3は，生活上の問題はみんなの問題として，話し合いで解決して，学級集団の規範をつくり，規範意識を高め，集団でつくられた規範に基づいた行動や実践ができるようにしていくことで，多様な個性が輝く学校生活ができるようにする。

　三つの視点からの集団づくりを，全学年，全学級共通して，一貫性を持たせて取り組んでいるところに川崎小学校の特徴がある。人の集団の力を機能させることで，教育活動を実現していくものである。よい集団の中でよい子を育て，よい子がさらによりよい集団をつくり，よりよい子を育てていくという良好な循環を目指している。

　集団の一人ひとりが共通の目的を持って，協力してやり遂げる過程で，人としてよりよく生きるための資質・能力を養うことができる。但し，「一人も見捨てずみんながよくならなければならない」という条件が不可欠である。「全員」だからこそ，多様な考え，価値観の違い，言動の善し悪し，いろいろな問題が浮き彫りにされてくる。それでもやり遂げるためには，教え合ったり，励まし合ったり，認め合ったり，助け合ったりして取り組まざるを得なくなる。そこで，思いやりや道徳的な価値，人と関わるよさや人との関わり方などを体験しながら学ぶことが可能になる。そうして，集団の中でつくられた生活の規範や学び方に基づいて一人ひとりが行動できるようになっていく。

2 共通性と一貫性のある取り組み

　川崎小学校では，全学年・全学級が共通性と一貫性のもとに教育を実践しているが，同じ方向を向いて共通の手立てで実践するのは，教師の個性が生かされなくなってしまうと懸念する人もいるのではないだろうか。しかしながら，実際に体験してみると，逆に自分の個性をこれまで以上に発揮できることを実感できる。

　秘伝を活用した教師の感想は，「共通の土台ができているので，自分の考えでもっとレベルを上げられ，自分らしさを発揮できる。社会のルールみたいなもので，自分の個性が押さえつけられていると感じていない」「学びに向かう道しるべとなっていて，みんなで同じ方向に向かえる安心感

がある。授業の型や進め方が定められているわけでなく，子供たちが主体的に動くので，自分の思いを生かしやすい」などである。

　感想にあった共通の土台とは，話型や発言の仕方，学習の進め方，反応の仕方などの統一された「型」のことではない。教師の秘伝を活用してきたことで子供に自然に身に付いた共通のもの，「授業に集中して主体的に学ぶ態度」，「挙手して積極的に学ぶのが大切で当たり前」，「失敗や間違いも受け入れるあたたかさ」，「教え合い，助け合い，みんなでよくなろうとする態度」などである。

　初任者の感想は，「どういうことを目指しているのか理解しやすく，どの先生の授業にも具体的な手立てが見られるので，実際にどうすればよいかわかりやすい」「共通の取り組みなので，他の先生，子供のすべてが自分のお手本になっている。わからなかったらどの先生にでも聴けるので，学校として統一されている安心感がある」「悩みについて，どの先生に聞いてもピンポイントで答えてくれる」「他学年の先生も同じ取り組みなので，どうしたら全員挙手できるか，どのクラスを見ても参考になる。全体でやることに意義を感じる」「土台が教育実習しかない。はいどうぞでは，どうしていいかわからなかったと思う。秘伝が土台となり，イメージしやすく安心できた」「学生から真っ白な状態で教師になった。一人ひとりの先輩からバラバラなことを言われるのではなく，共通性のある指導がある。統一したことをやっている先輩を見て，不安がなくなってきた」などだった。

　子供たちが学び方を積み重ねて身に付けているので，初任者でも全員挙手や話し合いの授業が自然にできている。初任者に他校の授業を参観した時の感想を聞いてみると「教師が一方的に進めていて，生き生きとしていないので，これで楽しいのかなと疑問を持った」「同期の先生の授業を見たら，先生がずっとしゃべっていた。一人二人手を挙げると指名して終わってしまう。他の子はどうなるのか疑問に思った」など，自分の授業との違いを客観的にとらえられ

ている。

　また，川崎小学校では，学級編成したばかりの４月でも抵抗なく授業公開できる。子供に共通の学び方が積み重ねられ，共通の汎用的な能力や態度が養われてきているからである。

3　資質・能力の育成とルーブリック

　学校として育てたい資質・能力は18項目ある。たとえば「発言内容と発言内容の関連性をとらえ，そこから共通点や法則を見いだしたり，法則を適用したりして，論理的に思考していく力」，「生活や学習では，みんなでよくなることで自分もよくなることにつながるという価値観のもとに，助け合ったり教え合ったりして，自らの生活や学び方をよりよくしていく態度」である。子供の実態を踏まえて学年ごとに具体化し，達成規準を設定している。単元を通して身に付けさせたい資質・能力を，ルーブリックから１時間レベルに具体化して，子供と教師が共有しながら学習を進めている。たとえば，「これまでの発言と自分の発言をつなげよう」「経験をもとにした発言をしよう」などである。この１時間レベルの育てたい力を，川崎小学校では，教師と子供が意識できる短い言葉として「ルーブリック」と呼んでいる。

4　主体的・対話的で深い学びの「深い学び」をどうとらえるか

　主体的・対話的で深い学びは，話し合いをすればよい，グループ活動をすればよい，ある学習の型を取り入れればよいというものではない。授業で多くの子供が途切れることなく活発に発言していても，発言が羅列されていくだけでは，考えが積み重なることはなく，深い学びにならない。「活動あって学びなし」ということになる。

　川崎小学校では，深い学びを実現するために，知識や生活経験，価値観を生かした話し合いと「つなげる」・「まとめる」・「振り返る」の学習過程を重視している。つなげる活動では，発言や情報を共通点でつなげ，キーワードをつくる。まとめる活動では，そのキーワードを使って，一人ひとりが考えをノートにまとめたり，話し合いで共通の考えをつくったりする。振り返りは，ルーブリックに対して自分はどうだったか振り返る。さらに，一人ひとりが新たに構成した知識をさらに抽象化して，汎用的に活用する場面を設定し，抽象化能力を養う学習を「深い学び」と考えている。

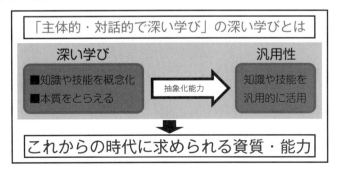

5 授業の実際

第3学年　社会科「昔の道具とくらし」の事例

　課題「道具が進化したことで，くらしはどのようにかわっていったのだろう」，ルーブリック「考えをつないでまとめよう」での話し合い。

　「掃除機でできるようになったから，家事の時間が少なくなった」「今はお風呂もボタン一つ」など，資料からわかる情報や経験をつなげて発言していく。さらに別の資料も関連付け「仕事をしている女性が増えてきたこともわかる」「仕事をする余裕ができたのではないか」などの発言がある。子供たちが「わー」と盛り上がった場面があった。「お風呂がボタン一つでできる」という発言に対し，「でも，逆に今はボタンが多すぎでわかりにくい」と反対意見が出た場面だ。まとめでは，「疲れなくなった」「家事の時間が少なくなった」というキーワードが出され，赤い矢印でつなげていく。さらに「くらしが楽になって，仕事をする人が増えたのだと思います」という発言を赤い矢印でつないで共通の考えをまとめていく。赤くつなげたキーワードを手がかりに，一人ひとりが課題に対する自分の考えをまとめていく。最後にルーブリックについて「○○さんは，この意見と意見をつないだ発言をしていたね」「○○さんの考えで，課題のまとめができたね」と評価する。

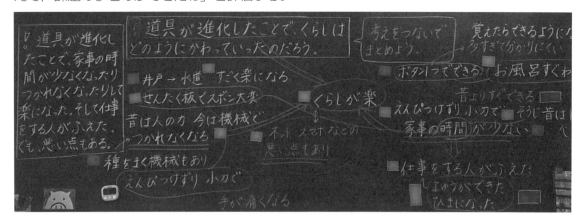

第4学年　社会科「自然と伝統を守る箱根町のまちづくり」の事例

　課題「箱根町の観光客が減り続けることがないのはどうしてだろう」ルーブリック「資料からわかることを出し合い，考えをいくつかのまとまりにしよう」での話し合い。

　「いろいろな国の言葉が翻訳されているパンフレットがあるので外国の人に便利です」に対して「観光案内所に外国語が話せるスタッフがいます」などと共通点に着目しながら発言が出される。さらに「パンフレットとか案内所のスタッフや両替機がある」「つまり“外国人へのサービス”というキーワードでくくれると思います」と整理されていく。これを繰り返し「災害への取り組み」「情報発信」「時代に合わせる」など複数のキーワードが生まれる。このキー

ワードを使って，課題に対する考えを自分なりの言葉でノートにまとめ，学習を振り返る。

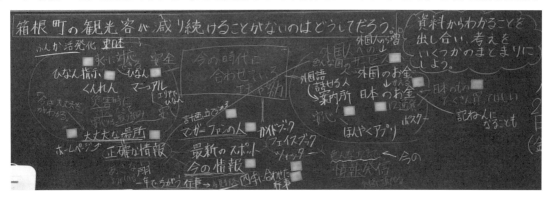

第6学年　社会科「開国と明治維新」の事例

　課題「明治維新は，人々を幸せにしたのだろうか」，ルーブリック「話し合いに積極的に参加し，より良い考えを見つけよう」での話し合い。

　話し合いは，「四民平等」「廃藩置県」「地租改正」「徴兵令」といった諸改革に対し，自分の考えを伝え合う。しかし，「平等という言葉が本当にすべての人に当てはまるのか」にこだわった結果，「国の豊かさ＝国民の幸せ」につながるのかという議論になる。「様々な人の立場の考えを聞いていると，簡単に答えは出せないな…」と悩み始めた。この時，「相談タイムをください」と一部の子供たちが言い始める。「じゃあ，明治維新はなければよかったのかな？」とつぶやくと「そうではないよ！」と話し合いが始まる。

　まとめる段階では，自分の考えを練り直し，全員が納得するキーワードを使いながら，共通の考えをまとめていく。振り返りでは，共通の考えをもとに自分自身の言葉でノートにまとめていく。「今までの歴史を振り返ってみても，歴史上の人物が行った改革と，人々の幸せはつながっていないことが多かったのではないか。国の豊かさを考えるって難しい」という発言に，みんなが自然にうなずく瞬間があった。単元目標以上の学びをしているように感じた。

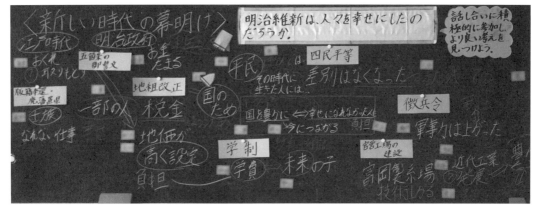

（吉新　一之）

15 単元水準での完全な一人学び

　子供が自分のペースで自分に合った方法で学習する「教科の一人学び」は，1920年にヘレン・パーカーストによって実施されたドルトン・プランの教育にその発祥をみることができる。日本でも大正自由教育運動の中で広く実践され，また，1960年代後半から70年代にかけて，アメリカで隆盛を極めたオープンスクール運動の中でも実践されている学習方法である。その後，アメリカの影響を受けながら1980年代から90年代に展開した日本のオープン教育の中で，「教科の一人学び」は，自己学習力の育成を目指す教師たちの手によって開発されてきた。本稿では，現在も行われている「教科の一人学び」の実践に着目し，コンピテンシー・ベイスの授業という視点を踏まえて，その特徴について述べてみたいと思う。

　「教科の一人学び」は，ある単元の学習のはじめに行われるガイダンスと，単元の終わりに行われるまとめの時間を除いた，その単元の授業時間のほとんどを基本的に一人で学び進める学習方法である。したがって「教師が直接的に教えない授業」とも表現できる。学習のことは，その実践の特徴から，自分のペースで学べるので「自由進度学習」，一人で学ぶので「個別学習」，自分が立てた計画にそって進めるので「マイプラン学習」など，実践者や実践校によってそれぞれに独自の呼称が付けられている。

1　「教科の一人学び」とはどのような授業か

　「教科の一人学び」は，子供の学習活動で単元全体をみると「ガイダンス（をうける）」「学習計画（を立案する）」「個人追究（を進める）」「まとめ（を行う）」で構成されている。それでは，この流れにそって授業（実践）の様子をみていこう。

「ガイダンス」

　はじめに一斉授業で「ガイダンス」が行われる。教師は，単元のどのような内容を学習していくのか，一人学びで得た知識や技能を身に付けるとどのようなことができるようになるのかを説明したり，必修課題の後に予定されている発展学習の例や具体的な成果物なども紹介しながら，これからの学習への意欲を高める働きかけをする。この学習方法では，教師による一斉指導は最初の「ガイダンス」と最後の「まとめ」だけなので，趣向をこらした「ガイダンス」を行う実践もある。たとえば，小学３年理科・磁石の性質の単元では，教師がマジシャン風の「じしゃくマン」に扮して登場し磁石の性質を応用したマジックを披露したり，またある学校では，磁石を使った沢山の手作りおもちゃで自由に遊んだりする。導入では，子供たちにとっ

て興味深く身近な事物や現象を手がかりに，これから学ぶ内容を予想したりイメージできるようにしている。また課題へのワクワク感や期待感を一人学びへの原動力にしたいという教師の思いがある。小学校高学年や中学校での導入においては，身近な関心や面白さに加え，知っているつもりの知識が不確かなことを実感したり，予想やイメージを覆すような場面を設けるなど，子供の育ちに応じて知的好奇心を刺激する手立てが必要になる。

　一斉授業では，導入での活動や小ネタ（興味関心を持たせる話題など）はその場限りで終わることが多いが，一人学びの場合は，導入がその後の展開にも関わっていく。磁石の例でいえば，「じしゃくマン」は単元のマスコット・キャラクターとして，子供たちが学習を進める過程で「学習カード」の紙面上にたびたび登場し，課題解決に困った時にヒントを与えたりアドバイスをする仕組みになっている。磁石の手作りおもちゃは発展学習の選択課題でおもちゃ作りの見本となって登場する。このように，導入がのちの個人追究を下支えする構成になっていたり，学んだことを活用する場面の布石として位置付くよう，導入から発展学習まで単元を見通した追究のストーリー（学びの筋道）をつくることができるのが「教科の一人学び」の特徴といえるだろう。それができるのは，この学習方法では，単元の学習が始まる時にすべての準備が整っているという条件があるからである。

　導入により，子供たちがこれから学ぶ内容について自分なりにイメージをつかんだところで，具体的にどのように学習を進めていくのか，「学習のてびき」と呼ばれる単元の学習課題が示された資料をもとに教師が説明する。この学習方法では子供の実態に応じて複数の学習コースが設定されている場合があるので，それぞれのコース内容が紹介されたりする。子供たちはそれを聞いて自分がどのコースで学習を進めていくのかを決める。

「学習計画」

　次に「学習計画表」が配られ，子供が自分で学習計画をたてる。計画表には，一人学びの時間の授業予定日と何時間目にあるかが記されており，その隣の欄に自分が取り組む予定の学習課題を書き込んでいく。なお，この学習方法は，時間の確保と学習効率をねらうために，複数の教科（単元）の学習課題が用意され，「個人追究」の中で複数の教科（単元）を学習することがある。その場合は，どちらの単元から始めるのかも自分で決めて計画する。たとえば，国語の近代文学に親しむ単元（10時間）と算数の縮図・拡大図の単元（10時間）を学習する場合，合計20時間の個人追究の中で，先に国語の課題を全部学習して後で算数をやってもいいし，その逆でもいい，国語と算数を毎回交互にやるのもいいし，コースの課題が半分終わったところで切り換えてもいい，やりたい方から始めてもいいし，苦手なものを先ずやってしまうのもいい，というように自分がやりたい進め方で課題に取り組む順序や時間配分を決めていく。このように，一人学びではある程度の長い学習時間を自分の裁量で進めていく経験が重要である。初めて計画を立てる時は戸惑う子も多く，立てた計画通りにいかない場合も多いが，この経験を重ねていくと，自分の学習の取り組み方の癖や学習の仕方の好みなどが，自分でもわかって

くるようになる。自分に適した学習方略に関するメタ認知が育つとも言われている。こうしたメタ認知は，家庭学習や受験勉強などでも役立つことが期待されている。

「個人追究」

　「個人追究」が始まると，子供たちは自分の学習計画にしたがって，課題が提示されたそれぞれの「学習カード」を拠り所にしながら，各自で学習を進めていく。ここでは１単位時間の授業の様子について「子供たちは今〜をしている」と一括りに説明することが難しくなる。教室で資料や本を読んでいる子，まとめのレポートを書いている子，他の教室やオープンスペースなどで映像資料を見ている子，パソコンで何か調べている子，教科や単元の内容によっては，実験や観察をしていたり，ものづくりをしていたり，調理をしていたり，と活動が一見バラバラだからである。

「個人追究」での授業の様子

　また「個人追究」の時は，授業の始まりも子供に任せている場合がある。つまり，毎回の授業開始時に一斉での始まりの挨拶がないということである。参観していると，一人学びの授業の時は，開始時間よりも前に学習場所にやる気満々でやってくる（あるいは教室に戻ってくる）子供が多く見受けられる。やる気の出ない子もその様子でわかる。自分のペースで学習を始めてよいので，早々に学習カードに向かい鉛筆を走らせる子や，道具や材料の準備にとりかかる子もいて，このような子供たちが学習の雰囲気を先行でつくってくれるので，後から遅れてやってくる子も，教室に入るとそそくさと準備にとりかかるのである。中にはどうにも気乗りしないのか，フラフラしている子もいるが，他の人の邪魔をしなければ，教師もしばらく様子を見守っている。一日の学校生活の中で，こんなスタートで始まる授業があると，毎時間同じことの繰り返しという感じがなくなり，気持ちに「張り」が出るように思う。

　「個人追究」の授業時間では，教師は子供の質問に応じたり，できた課題をチェックしたり，子供が使う教材の整備や補充をしたり，強い支援が必要な子供に対応したり，それらの合間に，一斉授業では見られない子供の個性的な学びの姿を発見したりする。ある教師は「この授業の時は，子供の行動をいちいち注意したり怒らないでいい，それが自分自身の気持ちを楽にし，子供を見る見方も変わった」と言っていた。

毎時間の授業終了５分前になると合図の音楽などが流れる。実践校によっては時計を見て判断し動くよう指導するところもある。いずれにしても授業の終わりが近づくと子供たちはそれぞれに片づけをして，学習計画表に今日の学習の振り返りとして，実際にやったことや学んだことを記入する。ここでは，学習に区切りをつけることも子供たちに任されている。取り組んでいた課題が中途半端になりそうな時は「きりのいいところまで終わらせたい」と休み時間になっても学習を続ける子供の姿を見ることがある。授業の中で「今日はどこまでできそうか」と自分の学習活動をイメージし，それにかかる時間を見積もりながら，授業の終わり方を自分で決めるのである。ある子は授業終了の10分前から学習マンガを読み始めたので，後で尋ねてみたところ「今日予定していた課題が思ったより早くできて，次の課題を始めるには時間が無さすぎるので，余った時間は学習コーナーにあったマンガを読むことにした」と話してくれた。このように時間の管理における合理的な自己調整力が培われていく。

　「個人追究」の期間が半ばを過ぎてくるころには，最初の計画と実際の進み具合が合わない子供も出てくる。たとえば，ある課題に予定以上の時間がかかった場合（社会の調べ学習や理科の実験などではよくおこる），残りの時間数（授業回数）と未習の課題の量を勘案して次はどのように進めるか，学習計画を修正・調整する。こうした経験を通して，計画力や計画を遂行する力を身に付けていくことを目指している。一斉授業では宿題を出してもなかなかやってこない子が，一人学びの授業では，計画の遅れを取り戻すべく「この２枚の学習カードは，土日に家でやってきてもいいですか」と自分から家庭学習による補充を提案することもあるそうだ。あるいは，予定より早く進む（必修課題がすべて終わる）子供もいる。その場合は発展学習にじっくりあるいは何度も取り組んでいいし，他の人の学習に迷惑をかけないのであれば少しのんびりすることも認められている。先の国語と算数の授業では，合計時間数20時間の予定を16時間で両方の学習課題を完全に終わらせた子が，残りの４時間は国語の学習で出会い好きになった作家の本を一人図書室で読みふけったり，また別の子は，縮図・拡大図の発展学習をさらに自分で発展させて，世界遺産の建造物の縮小模型づくりに取り組んだりすることがあった。このような学びの姿は，20時間という長い学習時間を子供に任せることで見えてくるものであり，課題を早く終えた子はより手応えのある課題に取り組んでいく面白さを味わい，時間のかかる子は周りを気にせず納得いくまで課題に取り組むことができる。どちらにおいても，意味なく待たされることがないという点で，子供にとって学習効率のよい授業ということになる。

「まとめ」

　一人学びによる追究期間が終わると最後に「まとめ」の授業が行われる。単元の学習内容を確認したり，追究場面で教師が見取った子供の個性的な課題解決方法やその子なりの発見を紹介したり，発展課題で取り組んだ成果物などの自主発表を通して，子供たちと共にこの単元で何を学んだのかを振り返る。また，今回の「個人追究」で力を発揮した子や自分なりのこだわりを持って課題に取り組んでいた子の様子が教師の感想として紹介され，この学習方法を通し

て子供たちに身に付けてほしい資質・能力について教師の願いが語られたりする。

　ところで，子供たちは「教科の一人学び」についてどのような評価をしているのだろうか。実践者の一人である竹内淑子教諭によると，子供たちはこの学習が「好きな理由」に「自分のペースで進められる」「自分でやるからよくわかる」ことを挙げ，「この学習のよいところ」に「友達と（学習が）できる，進められる」ことを挙げている。他方，問題点にも目を向けている。そして「子どもなりに『学ぶ』本質を考えている」と指摘している[1]。

　なおこの学習方法では，一般的な単元テストは「チェックテスト」と称して「個人追究」の中で各自で実施される（「チェックテスト」を受けるタイミングも個々バラバラで行われる）ことが多分にある。このようなテストのやり方には，自分が学んだことをペーパーテストの形式で発揮できるかどうかを試すという意図がある。このため実践校によっては，テストの答え合わせも子供自身が行い，その結果を教師がチェックして個別にアドバイスをする。誤答については，まず子供がその原因や理由を考えて教師に伝える。教師はそれを聞いた上で，内容理解が不十分な子には状況に応じて必修課題のやり直しを勧めたり，その場で解説したり指導を行う。成績の付け方が相対評価を基準としていた時代は，このような指導は評価システムの都合で難しかったが，絶対評価が導入され，知識・技能の確実な習得を図る指導が目指される現在においては，こうした「チェックテスト」のやり方は，教師にとっては評価方法ではなく指導方法としての意味を持つと考えている。

2　「教科の一人学び」を支える準備

　「教科の一人学び」では，教師の指導は間接的になるため，十分な準備が必要になる。具体的には大きく三つの仕事，「単元構想」「学習材づくり」「学習環境づくり」がある。以下は主な準備の内容を表にまとめたものである。

単元構想	学習材づくり	学習環境づくり
・単元選び（複数組み合わせ） ・コース設計（学習コース設定）	・「学習のてびき」「学習計画表」 　「学習カード」「資料カード」など	・学びを誘う掲示物や展示物 ・学習に集中できる空間づくり

「単元構想」…「教科の一人学び」が行われるのは，年間授業総時数のうち40〜60時間である。学期に1，2回の実施期間が持てると子供たちにも学習方法が定着していく。どの教科や単元で実施するか，同時期にどのような単元を組み合わせるかは教師が決める。また一つの単元に複数の学習コースを設定することもある。これは子供の実態や「学習適性」と呼ばれる子供の学び方の個性に応じて考案される。

「学習材づくり」…教師の指導は「学習のてびき」や「学習カード」などの学習材によって間接的に行われる。附随して「ヒントカード」「資料カード」「答えカード」なども作成される。「学習のてびき」は，単元指導計画を子供向けに作成したものといえる。一つの単元に6〜12

程度の学習課題が設定されている。課題は教科書の内容や教材研究の成果が反映され，それに基づいて「学習カード」がつくられる。（図参照）

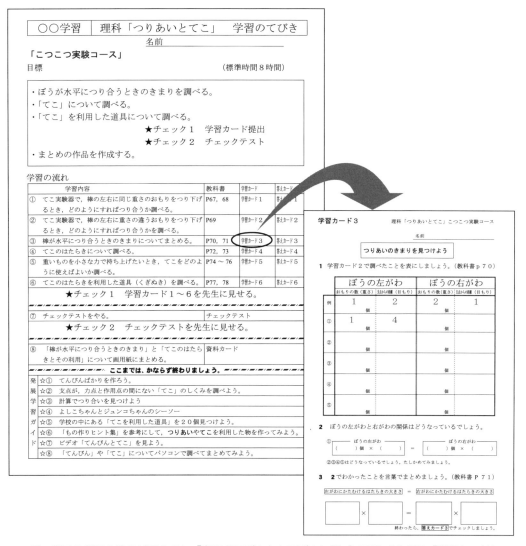

図：単元の学習の流れが示された「学習のてびき」とてびきに基づいて作成される「学習カード」

「学習環境づくり」…「学習環境づくり」には大きく二つの仕事がある。一つは子供が自力で学習を進める時の手助けとなる掲示物，具体物，様々な道具や参考資料などを作成したり準備すること，もう一つは，それらの置き場所や子供たちが学習する場を，子供にとって使いやすく，わかりやすく設える作業である。

（佐野　亮子）

１）竹内淑子　2014「個別化・個性化教育と自己学習能力の育成」奈須正裕・久野弘幸・齋藤一弥編著『知識基盤社会を生き抜く子どもを育てる―コンピテンシー・ベイスの授業づくり』ぎょうせい
図の出典及び参考文献：佐野亮子　2014「本気で任せる授業」奈須正裕・佐野亮子・齋藤一弥編者『しっかり教える授業・本気で任せる授業―多様な筋道で豊かな学力を保障する』ぎょうせい

【編著者紹介】

奈須　正裕（なす　まさひろ）

上智大学総合人間科学部教育学科教授。徳島大学教育学部卒，東京学芸大学大学院，東京大学大学院修了。博士（教育学）。国立教育研究所教育方法研究室長，立教大学教授などを経て平成17年より現職。中央教育審議会教育課程部会，教育課程企画特別部会，総則・評価特別部会，幼児教育部会，中学校部会，生活・総合的な学習の時間ワーキンググループ等の委員として，新学習指導要領の検討に関わる。主な著書に『「資質・能力」と学びのメカニズム』（東洋館出版社），『教科の本質から迫るコンピテンシー・ベイスの授業づくり』（図書文化社），『子どもと創る授業―学びを見とる目，深める技―』（ぎょうせい）など。

【執筆者紹介】

佐藤　卓生	山形県山形市立第四小学校
安達真理子	立教小学校
伊藤　友美	静岡県御前崎市教育委員会学校教育課指導主事
小野健太郎	東京学芸大学附属小金井小学校
渡部由美子	福島県郡山市立金透小学校
飯干　新	広島県神石高原町立三和小学校
林　敏幸	山形県朝日町立西五百川小学校教頭
村田　辰明	関西学院初等部
杉澤　学	奈良女子大学附属小学校
野村　真一	関西学院初等部
近藤　敦至	岐阜聖徳学園大学附属小学校
吉新　一之	神奈川県川崎市立川崎小学校長
佐野　亮子	東京学芸大学非常勤講師

教科の本質を見据えた
コンピテンシー・ベイスの授業づくりガイドブック
―資質・能力を育成する15の実践プラン―

2017年11月初版第1刷刊	©編著者　奈　須　正　裕
2019年6月初版第3刷刊	発行者　藤　原　光　政
	発行所　明治図書出版株式会社

http://www.meijitosho.co.jp
（企画）木山麻衣子（校正）有海有理・大江文武
〒114-0023　東京都北区滝野川7-46-1
振替00160-5-151318　電話03(5907)6702
ご注文窓口　電話03(5907)6668

＊検印省略　　組版所　長野印刷商工株式会社

Printed in Japan　　ISBN978-4-18-230924-3
もれなくクーポンがもらえる！読者アンケートはこちらから →